ちくま文庫

マウンティング女子の世界

女は笑顔で殴りあう

瀧波ユカリ
犬山紙子

筑摩書房

出版社勤務バリキャリOL　A子（28歳）——

フィアンセありのお気楽ハケンOL　B子（28歳）——

そして始まった A子とB子の飲み会――

私がイヤになったらいつでも仕事やめていいって彼が言ってくれて〜
A子もそういう頼れる人をつかまえればいいんだよ〜? コツ教えよっか〜?
バーン★
私の方が上だってわからせてやる!!
くっ…!!
まずぅA子はもっとカワイイ系のおしゃれした方がモテる!!
上から目線攻撃ー!!
そぉかな!? こないだ芸能人との合コンではモッテモテだったけどー
なんのなんの!!
合コンか〜なつかし〜
昔何回かやったけどそんな楽しくないよねアレ〜
ボコッ
※イメージです
それはね〜B子がほんとの合コンの楽しさ知らないだけだよぉ〜?
※イメージです
そうねーハマる前に結婚決まってよかった♡
彼いい人そうだよねー田中義剛に似てて♡
ビシッ
ドカッ
うんっ義剛に愛されてるんだ
そんなこんなで二時間半…
ハァッ
ハァッ
ハァッ
たのしかった
またねーバイバーイ♡
その夜…
あーもーなんであんなふうになっちゃったんだろーー!?
自分のバカ…!!
いやし用ビーズクッション
ふつーにノロケたかったよー!!
2人は悶え苦しんだという…
そんな経験、あなたにもありませんか?
チラッ
いぬやま
たきなみ
本編につづく!!

はじめに

犬山 （マンガを読み終わって）……この話って、実話ですか……？　妙に生々しくないですか⁉

瀧波 A子とB子に実在のモデルがいるわけじゃないけど、私はA子とB子どっちの立場もイヤというほど経験しましたねえ……。

犬山 私のこと陰で瀧波さんが観察してるのかと思った……。ずっとA子パターンですよ！　いい人でいたいと思うのにどうしてもボロが出る！　この悪気があるようでないようであるみたいな（笑）。で、帰り際取り繕《つくろ》ったように「今日は超楽しかった〜」って言ってチャラにしようとするところとか！

瀧波 そうそう、最初はがんばろうと思ってるんだよね。くやしいけどB子の話を聞いてあげようと。

犬山　B子も、思いっきりのろけるのは気が引ける、でものろけないのも……って、一周回ってのろける方を選ぶ。ちょっとオブラートに包めば大丈夫か、とか思うんですよね。自分がやられたらすぐ察知するくせに。この思考回路、よくわかります。

瀧波　女同士って実はすごく気を使いあっているんだよね。もちろんいい意味で。

犬山　なのに気がついたらいらんこと言いまくって後悔するという……。どうしてこうなっちゃうんでしょう？

瀧波　うーん、理由はいろいろあると思うんだけど、仕事とか恋愛とかが真っ盛りのときって、自分が友達より劣ってるって思うのはどうしても怖いじゃない？

犬山　怖いです！　もちろん、友達って勝ち負けじゃないのはわかってるし、できるならそんなこと思いたくない。でも、譲《ゆず》れない部分！　譲れない部分は友達よりも自分の方が立場が上だと思いたい。

瀧波　そう、その気持ちが私たちにいらんことを言わせるんだよね（笑）。その「自分の方が立場が上」と思いたくて、言葉や態度で自分の優位性を誇示してしまうことを私は「マウンティング」と呼んでいるんだけど。

犬山　マウンティング！　聞いたことがあります。犬同士でもよくやってますね。

瀧波　そう、基本的に動物がやるやつと同じね（笑）。人間だから、もっとずっと狡猾《こうかつ》だけど。この本では、主に女子同士で行われるマウンティングについて話していきましょう。

犬山　ドキドキしますね……、自分がいかにマウンティングして、されていたのか見つめなおすことになりそう……。

瀧波　私と犬山さんとで戦わないように気をつけながらやりましょう！

マウンティング
〔mounting〕

サルがほかのサルの尻に乗り、交尾の姿勢をとること。霊長類に見られ、雌雄に関係なく行われる。動物社会における順序確認の行為で、一方は優位を誇示し他方は無抵抗を示して、攻撃を抑止したり社会的関係を調停したりする。馬乗り行為。

――(『大辞林』)

マウンティング女子の世界　女は笑顔で殴りあう

目次

第二章 こんなにいる！ ○○型マウンティスト 065

第三章 恐怖！ マウンティングのなれの果て 113

第四章

マウンティングの「攻め」と「受け」——その関係と傾向

マウンティング女子の世界　女は笑顔で殴りあう

カバーイラスト
瀧波ユカリ

装丁
木庭貴信
角倉織音
（オクターヴ）

編集
小船井健一郎
山脇麻生

第一章 マウンティストは笑顔で殴る

女子会が楽しくない!?

瀧波 いきなりですけど……実は私、女子会が楽しくないんです！　世間一般では楽しいものだって言われているけど、終わった後にモヤッとしたものが残るというか。

犬山 女子会って、心の底から楽しめるときと、モヤッとするときに分かれません？　私が疲れるのは、仲良くなっていない人に対して虚勢《きょせい》を張りあう場として機能するケース。

瀧波 そうそう、武装して臨んでしまう女子会と、肩肘張らないでいい全裸女子会がある。

犬山 全裸女子会は楽しいですよね！

瀧波 一方の武装女子会は一見みんな笑顔なんだけど、水面下では殴りあってるイメージ。たとえば、「紙子ってスゴイよね～、いつも堂々としてて、かっこよくて憧れちゃう〜。私もそうなりたいけど〜、恥《は》じらいが強すぎるから〜。あ〜、一度は女を捨ててみたい〜」

犬山「えー!? でも私はユカリみたいに奥ゆかしいかんじにあこがれてるよ〜。ユカリの〝一人じゃ何もできない〟って雰囲気、イイよね〜。男の人がなんでもしてくれそう〜。何でも自分でやっちゃう私の無駄な行動力とかホントいらないし〜」

瀧波そんなかんじ（笑）。お互いひたすらほめちぎるスタンスをとりながら、暗に相手をdisって（批判して）自分を上げるという。

犬山親しい同士が集まる女子会でも、冒頭のマンガのように誰かが結婚した、家を買った、みたいな環境の変化で急に武装女子会になっちゃったり……。

瀧波女子会が楽しくない理由って人によって違うと思うんだけど、何をされたかをひとつずつ考えていくと、たいていの原因は炙《あぶ》り出せる。ただ、大半の人は、「たまたま（自分の）気が乗らなかったからかな」「思いすごしじゃないかな」と、そのモヤモヤをなかったことにしてしまう。一回こっきりならそれでいいのかもしれないけど、同じことが何回も続くとボディにくるでしょ。それってけっこう、問題だと思っていて。

犬山 女子会で他人から何かを言われたり、されたりして、モヤモヤした気持ちになっている人って多いでしょうね。私のまわりにもやたらと男を紹介したがる人がいるんですけど、ほんとモヤモヤする！　こっちが〝イケメン苦手〟ってことを知りながら、「イケメン紹介するから〜」って勝手に女子会に連れてきたり。

瀧波 望んでもいない出会いの押し売りをされて、借りができちゃうという（笑）。

犬山 「犬山さん、独身だから」って一見、私のことを思いやってる風ですけど、「私の手ゴマにこんなイケメンがいる」ってアピールにも感じられるんですよね。

瀧波　実際に犬山さんがイヤな思いをしたとしても、人にこの話をすると「イケメンを紹介してもらったんでしょ？　別にいいじゃん」って言われちゃいがち。

犬山　私が「紹介して」とお願いしたとかなら別なんですけど。

瀧波　私、女子会のたびに訪れるこういうモヤモヤの正体についてずっと考えてきたんです。それである時ふと、あのモヤモヤはいきなり相手から「自分の方が上！」ってアピールされたことに対する動揺だったり、悔しさだったりするんじゃないかって気付いて。そのアピールを「マウンティング」って名付けたら、いろんなことが見えやすくなりました。ああ、さっき私はマウンティングされたけど、周りはそれに全然気付いてないんだ！　とか、今自分も親身になるふりをしながらマウンティングしたんじゃないか？　とか。女子同士のマウンティングって本当に、親密なムードを保ちながら行われるからとても見えにくいんですよ。

犬山 なるほど！　女子同士のマウンティングって、「私っていい人でしょ」的な善意にコーティングされたものなんですね。

瀧波 「私は親友だよ」「私にまかせとけば大丈夫」的な善意にコーティングされているケースもあるよね。そのあたりは、第二章で掘り下げましょう。

武装メイクは戦闘開始の合図

瀧波 久しぶりに人と会うとき、うっかり気合いを入れてしまうことってない？

犬山 ありますね！

瀧波 で、がっつり化粧をしてしまうと気が大きくなってしまって、どんどん自分を大きくみせたくなる（笑）。自戒を込めて言いますけど、こういう虚栄心がマウンティングを生む。

犬山 そうなんですよ。そういうときこそ調子こきたくなる。ギャルはがっつりメイクを「盛る」って言いますけど、うまいこと言いますよね。

瀧波 ついでに自意識も盛っちゃうみたいな（笑）。

犬山 自分のことで言うと、すっぴんのときと化粧して「今日の私、イケてる！」みたいな自意識のときでは、コンビニの店員さんに対する態度まで違ったり。

瀧波 すっぴんだと卑屈になるよね？　まじまじと見られたくないから、「どうも、すみません」ってうつむき加減になったり（笑）。

犬山 逆に化粧しているときはオラオラ度が上がる。

瀧波 やっぱり、等身大メイクが間違いないのかなと。ほどよく整えているけど、すごくがんばっていないかんじ。時計や小物も自分が持っているなかで一番高いものはつけていかないほうがいい。

犬山 そこまでは考えが及ばなかった！

瀧波 仕事上で自分の気持ちをしっかり保ちたいときとか、なめられたくないときに高価なものをつけていくのはいいんだけど。女同士で集まる場につけていくと、「時計を自慢したい」って気持ちと「これをつけている私の立場は上だから」アピールをしたい気持ちがむくむくと湧き出てきて、チラチラ見せたくなってくるから。

犬山 男性でも、ベルトのバックルにガッツリD&Gってロゴが入ってるのをつけている人っていますよね。本人はさりげないおしゃれと思ってるのかもしれないけど、それ全然さりげなくないから！　っていうのはあります。

瀧波 そういうおしゃれをしていても、見せびらかしたくなるような性格でなければいいんですよ。私は自分がそういう性格だということを自覚しているから。

犬山 ただのおしゃれ好きかマウンティストなのか。いや〜、半数ぐらいの人はそういう部分を持っていると思いますよ。

瀧波 半数もいてくれたらホッとするな〜。自分だけじゃないんだ！　って。私、人に何かをチラチラ見せてるのに何も言ってもらえないとき、「これ、す

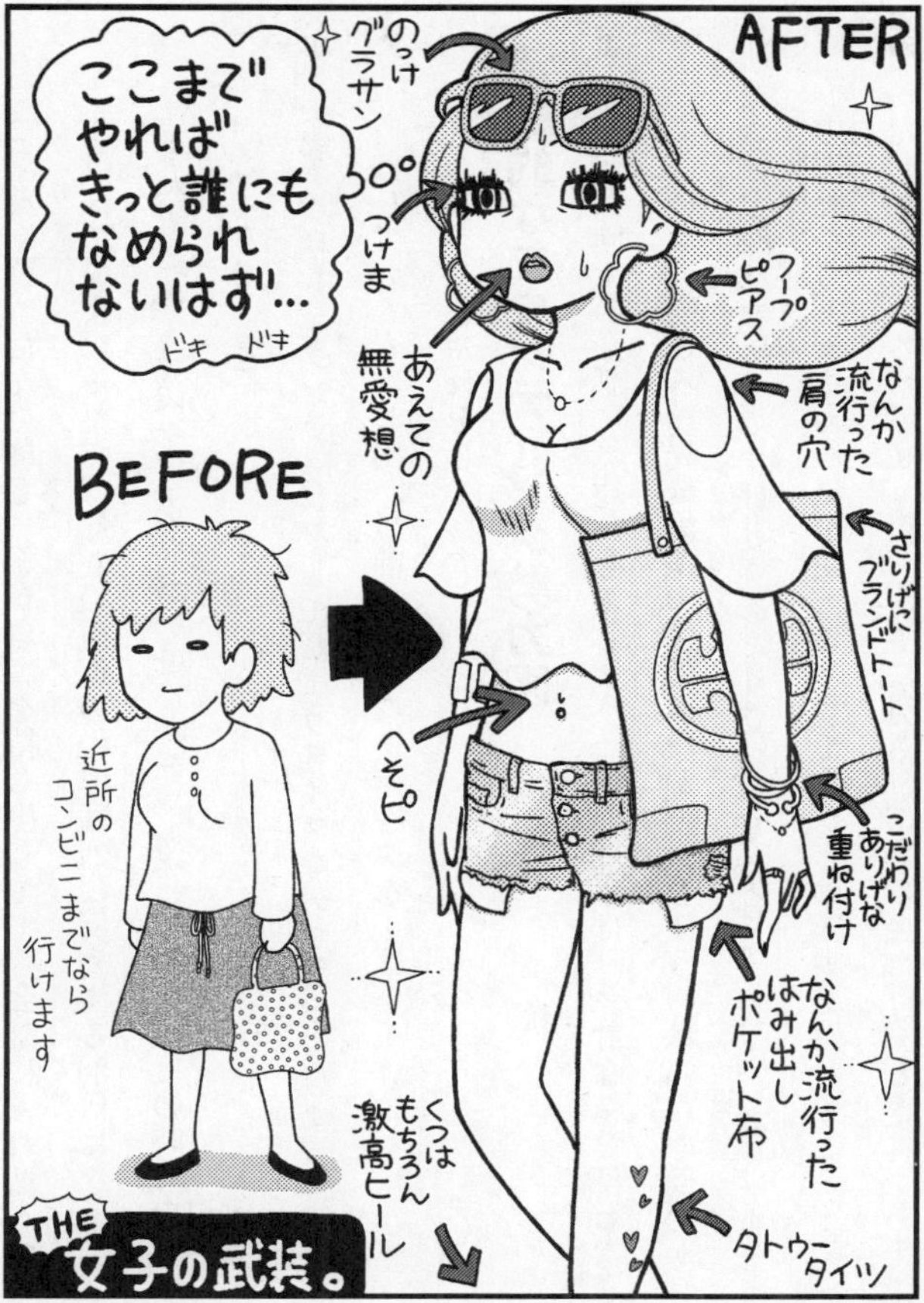
AFTER
ここまでやればきっと誰にもなめられないはず…
ドキドキ
のっけグラサン
つけま
あえての無愛想
フープピアス
なんか流行った肩の穴
さりげにブランドトート
へそピ
こだわりありげな重ね付け
なんか流行ったはみ出しポケット布
くつはもちろん激高ヒール
タトゥータイツ
BEFORE
近所のコンビニまでなら行けます
THE 女子の武装。
女子の武装

ごく安く買ったんだけど」とか自虐を持ち出してでも会話に入れ込んでしまうんですよ。それで、帰りの電車の中で猛烈に反省する羽目《はめ》になって、「それもこれもすべてこの時計のせい！」って、ついにはその時計自体つけなくなる（笑）。

犬山 （爆笑）私もマウンティングしてしまうタイプなので気をつけよう。

瀧波 自覚している人はお出かけ前に入念なチェックを！

流動的なマウンティング勢力図

犬山 私が女同士の会話に気疲れしてしまう一番の理由は、余計な気を使わなきゃいけないところ。先輩後輩の序列のなかで気を使うのは当たり前だから、さほど疲れないんですけど、あまり立場が変わらない人に、「私はイケてるんだから、おまえが気を使えよ」って上からの圧力を感じると……。

瀧波 たしかに疲れるね。私、自分が下に見られている会に行くときは、あえて一番高い服を着ていったりする。「これで見返してやる！」みたいな。でも、後になって感じるむなしさたるや……（笑）。「何やってるんだろ、自分」って。

犬山　逆に抜け感をアピールすることで、ファッション上級者マウンティングしてくる人もいますよね。「私、こんなラフな恰好で、こんなおしゃれな所に来ちゃいましたけど？」

瀧波　マウンティストだったら、さらに「なんかみんな、すっごく気合い入ってる〜！」みたいな、言われた方は後から思い出せないぐらいの、さりげないセリフをかぶせてくる。〝ラフな私が恥ずかしい〟なんて微塵《みじん》も思っていない、完全な上から目線で（笑）。

犬山　「あー、みんなメイク上手〜！　盛ってるね〜」みたいに、すっぴん美人の自分と盛っているみんなの差をアピールするケースもありますよね。そういう女子会で写真を撮ると、マウンティング勢力図がよくわかる。下っ端の子はたいがい前列とか前の方。顔がデカくみえるから、マウンティストは前に行きたがらない。

瀧波 誰がマウンティストか知りたかったら写真を撮れ、と。

犬山 所属するグループによってマウンティングしたり、マウンティングされたり、マウンティング勢力図って環境によって変わりますよね（と言いながら、女子会写真を何枚か見せる）。

瀧波 （玄人美女だらけの女子会写真を指し）ひー、このメンツだったら私、絶対にいい時計をつけていく！

犬山 たしかにこのとき、みんなが持っているバッグを見てシュンとしました。「私もおしゃれしてくればよかったな」って。ファッションで勝負できないもんだから、あえてえげつない話をして勝負しようとしたりしましたもん。

瀧波 私もこの場にいたら、「私、頭を使う仕事をしてるから、老けるのが早く

写真撮影の争い

©犬山紙子

てやばいんですよね」って言ってるね！　どう？　性格悪いでしょ？

犬山　（間をおいて）「ああ、あんたたちは頭使ってないでしょ？」っていう！

瀧波　一瞬、「自虐かな」って思うでしょ。

犬山　三時間後ぐらいに、「あれ？」って思うパターンですよ。効きの遅い毒っていうか、瀧波さんが繰り出すマウンティングはレベルが高すぎる！

瀧波　実際にマウンティングする・しないにかかわらず、相手の立場やスペックを考えつつ、「自分の方が上だと示すには何を言ったらいいか」を瞬時に思いつく才能があるみたい、私。

犬山　絶対にツイッターとかでケンカしたくない！（笑）。瀧波さんは、過去にマウンティングされてきたという経験と地頭のよさがあるからなんだろうなあ。

瀧波　観察するのが好きなので、人のマウンティングも吸収してきたし。それで、こんなマウンティングモンスターが生まれちゃいました……。

犬山　あ〜、私も初対面の人とのお酒の席で、恋愛話を根掘り葉掘り聞いちゃったりするんですよね。「とりあえず、仲良くなれるかな」と思って。だけど、考えてみたら、知りもしない人にプライベートの話なんかしたくないじゃないですか。それを強要して、さらにはアドバイスもしちゃったりして……。もれなく帰り際に「もしかして、やっちゃった？」って頭を

マウンティングモンスター　　©瀧波ユカリ

抱えるんですけど、これ、完全にマウンティングしちゃってますよね。

瀧波 はい（うなずく）。酒の席で「私になんでも相談して」っておねえさんタイプの人にちょくちょく会うけど、相談したらしたで、さりげなく否定するようなことを言うからアドバイスされても嬉しくないんだよね。

犬山 ギャー！ ですよね！ 一見良い事してる風だし！ 今まで自分がしてきたことを思うと……（遠い目）。

瀧波 まあまあ。マウンティングって会話だけじゃなくってメールもあるよね？ こっちが一日放置したら、相手は二日放置してくるとか。

犬山 それもやったことがあります。力関係で上に立つためのポーズなんですよね。「あなたは私に興味津々よね。でも、私はあなたにさほど興味がないから」というアピール。

瀧波 メールの場合、相手が時間をかけてマウンティングを練るから、さらに狡猾だったりする。「悩みがあるんだったら言ってね」って友達に言われて、嬉しくなって長文の悩みメールを送ったら、「うーん、でも気にしない方がいいよ」。え、そんだけ⁉ みたいな（笑）。

犬山　ぞんざいに扱われるんだ。

瀧波　この手の話を人にすると、「返事が短いのは忙しかったからじゃない？」「長いメールを送ってすっきりしたんだからいいじゃん」とか言われてしまいがち。だけど、そうやって意見が分かれるギリギリのラインを狙ってくるのがマウンティング。それも、今まで表面化してこなかった一因というか。

犬山　「メールの返事が遅い早い、長い短いで怒るなんて大人げない」って風潮もありますからね。そこを突いてくる。

瀧波　端的にいうと、「こんなことをされているというのを人に説明しにくい」というのがマウンティングの特徴だよね。

結婚式場でマウンティング体験!?

瀧波　本来、自分をよくみせたいって欲求は誰にでもあると思うんです。でも、度が過ぎると相手をイヤな気持ちにさせてしまう。それが問題。

犬山　それを、この本で掘り下げていくわけですね。

瀧波　わかりやすい例として、以前、私がウエディングプランナーにこてんぱんにやられた話をしてもいいかな？

犬山　瀧波さんが!?　ちなみにその人は既婚？　独身？

瀧波　バツイチです。

犬山　ほほう……。

瀧波　結婚が決まって、『ゼクシィ』を買って、いろいろ調べて「ここはどうかな？」って式場に夫と二人で見学に行ったとき、その人が出てきたんです。ビジュアル的には普通の人で、三十過ぎぐらいかなあ。友達からは「ウエディングプランナーってすごく親身になって、一緒に式を作り上げてくれるんだよ」なんて事前情報を仕入れていたので、にこやかに接してくれるのかなと思ってたんです。ところがまるで無愛想。「こういう式を考えているんですけど……」って説明しても「ああ、そうですか」ってそっけない態度で話が全く弾まない。若干ないがしろにされてるような気までしてきて、一回目の打ち合わせはモヤモヤした気分のまま終了。「あれ、みんな初日でウエディングプランナーさんと仲良くなるって言ってたのにな。おかしいなあ」って。

犬山 それでそれで？

瀧波 「もしかしたら、自分たちのことをたくさん知ってもらった方が仲良くなれるかもしれない」と思って夫と話しあったんです。「次の打ち合わせでは自己紹介をしよう」って。

そこで二回目の打ち合わせでは、「今日はもっと××さん（ウエディングプランナー）と朗らかに話せるように自分たちのことを話しますね」と前置きして、「お互い、こういう大学でこういう勉強をして、その途中でこういうつながりができて、おつき合いが始まりました」って説明したんです。そのときチラッと「これって、二人の幸せな人生エピソードになっちゃうかなあ。上から目線かなあ」とは思ったんだけど、「相手はなれそめを聞くのも仕事だしな」と思いなおしたりして。

犬山 そうですよね。ウエディングプランナーの広告とかでも「お二人の幸せを形作るお手伝い」とか書いてありますし。

瀧波 そうしたら相手が、「じゃあ、私のことも話しますね」って身の上話を始めて。「最初は別の仕事をしようと思ったけれど、あるとき、こういう職業に触れて私は目覚めた」みたいなサクセスストーリーをたっぷり一時間。そして打ち合わせする時間がどんどんなくなっていって。

犬山 こっちは聞きたいこと山盛りの客なのに！

瀧波〜さんざん自分の話を聞かせた後、やっと「じゃあ、お二人の仕事について
もう少し詳しく聞かせてください」と聞いてもらえたので、「私はマンガ
を描きつつ、ときどき別の単発仕事もやっています」って答えたんです。
そうしたら、「じゃあ、ずっとやってる仕事は『臨死‼江古田ちゃん』っ
ていう四コママンガだけなんですか？」って聞かれて。「そうです」って
答えたら、手元にあるチェックシートみたいなのに、「瀧波さんは『臨
死‼江古田ちゃん』しかやっていない」って声に出しながら書きつけたん
です（笑）。

犬山——え——⁉　まさにマウンティング‼

瀧波〜思わずポカーンとしちゃって。人は目の前であまりに理不尽なことが起き
ると思考停止しちゃうんだね（笑）。そのとき、式のイメージを伝えるた
めの絵を画用紙に描いて持って行ったんです。ドレスやテーブルコーディ
ネート、フラワーアレンジメントなど、式のイメージを具体的に伝えるに

は絵の方がわかりやすいかなと。それで、「一応これを渡しておくので今後の参考にしてください」って。

その日はそれで終わったんだけど、帰る道すがら、一時間身の上話をされたことや、声に出して『臨死!!江古田ちゃん』しかやっていない」って言われたことがじわじわ効いてきて。それと、彼女が私のことは「瀧波さん」って名字で呼ぶのに夫のことは下の名前にさん付けで親しげに呼ぶことも「おかしいんじゃないの？」ってモヤり始めた。それでその夜、食事をしながら夫にその話をしたの。彼はあまりピンときていなかったんだけど、それは男は気がつかない程度の絶妙なマウンティングだったからなんだよね。〝すでに二回目の打ち合わせは終わってるし、気になることはあるけれど、あの人で話を進めなくちゃいけないんだ。後戻りはできないんだ……〟と思ったら、ボロボロ泣けてきちゃって。夫も最初は「なになに、どうしたの？」ってびっくりしてたけど、「どうしてもイヤだと思ったら、

犬山　やめたほうがいいよ」って言ってくれて。

瀧波　（うなずく）いいダンナさんだ。

電話で式場に、「実は今のプランナーさんとはあまり相性がよくないみたいなので、違う方に変えていただけますか？」って伝えてから三回目の打ち合わせに出向いたんです。別のプランナーさんと式場の人が、「不備があったようで本当にすみません」って真摯に謝ってくれて。「前回、お渡しいただいた絵について、新しいプランナーに今一度、ご説明いただきたいので一度お返ししますね」って渡された絵が……。

犬山　（ハッとして）怖い、怖い！

瀧波　堅い紙なのに折り畳まれてて、ばっちり折り目がついていた。それを見た瞬間、「本当にプランナーさん、代わってもらってよかった」って。

犬山　わ――――――っ！

瀧波　「これ、なんで折ったんでしょうね」って言ったら、式場のちょっとエラい人が謝ってはくれたんだけど。

犬山――なぜプランナーの職についたのか理解不能ですね……。

瀧波〜〜もう一個あった！　二回目の打ち合わせの後、鬱憤《うつぷん》がたまっていたこともあって、ちょっと私からやりかえしちゃったんです。その人が、「ベリーダンスやフラメンコなんかの海外の踊りが好きで、海外旅行にもよく行くんですよ」って言ってきたとき、「私もバックパッカーが行くような国によく行くんですよ。チベットにも行きましたが、あの辺は標高が高くて辛いですよね」って。「お前はここには行けないだろ」みたいな雰囲気を醸《かも》したら、「ああ、チベットね。私の友達がダライ・ラマと友達なので、なんかあったらいつでも言ってください」って切り返されて(笑)。

犬山――フランスやイタリアじゃなく、チベットで勝負をかけたのに！

瀧波〜〜チベットで勝とうとした自分が恥ずかしくなって、憮然《ぶぜん》としてウチに帰り、ボロボロ泣いたという……。もう、こてんぱんですよ。毅然《きぜん》とした態度で話を流しておけばよかったのに、自分も同じ土俵に立ったばかりにはじき返されたことの屈辱たるや（笑）。

犬山 中途半端なマウンティングは命取りになるという好例ですね。まさか、ダライ・ラマの友達と友達っていうカードを返されるだなんて思わないですしね……。

瀧波 たぶん、その人は、これから結婚する人の手助けをしたいとか思っていないんじゃないかな。もっとも向いていない職業にもかかわらず、なぜかその職業を選んでしまった。そういえば、なんで離婚したかについても聞かされたな。

犬山 今から結婚をしようというカップルの前で離婚話を出しますか⁉ 他のカップルにもマウンティングしてたんだろうな……。手練《てだ》れっぽいですし。

瀧波 こっちは、そういう場では優しくされて当然と思ってるからノーガードですよ。今話していて気づいたんだけど、「自分が過去にマウンティングしたことがある」って懺悔はのたうち回って後悔した経験を経ているから、今となっては笑いながら話せる。だけど、された話って消化不良のままだからやっぱりイヤなものだね。

犬山 わかります。ウエディングプランナーの友達、ひとり欲しいな〜。洗いざらい心情を聞いてみたい！

瀧波 当時の私は二十六、七歳だったから、まわりはあまり結婚してなくって。独身の友達にこんな話をしても通じにくいだろうと思ってたから、今日までこのことを胸に秘めて生きてきました（笑）。恐すぎてマンガのネタにもならないし。

犬山 結婚することになったら、「いつ何を言われても大丈夫」って精神状態にもっていく必要がありそうですね。もちろん本当に祝福してくれる人もいるけれど、「これから山ほどマウンティングされる」と思って腹をくくる。

瀧波 良くも悪くも結婚って、いろんな人からいろんなことを言われる機会だから、成長するのはたしかですよ（笑）。

マウンティストの傾向とは

犬山 マウンティングをしてしまう人、すなわちマウンティストの傾向なんですけど、スクールカーストを引きずっている人ってけっこういますよね。実際、私がそうなんですけど。

瀧波 うん。それはあると思う。

犬山 高校生の頃、一番下のスクールカースト、つまりオタク集団と上から二番目ぐらいのスクールカーストの両方に所属していたんです。マンガやゲームが好きだからオタクと仲良くしたいけど、おしゃれや音楽が好きな自分もアピールしたかったから。でも上の方のグループに所属しても一番垢抜けてなくて。するとどんどんコンプレックスがスゴイことに。だから、カネが少し自由になり、化粧を覚えた今、「まだイケてる」「おしゃれ」だというのを誇示したくなってしまう。

瀧波 その感情は、普通に可愛い恰好をして街を歩くだけでは収まりきらないもの？

犬山 グループ内で形成されたコンプレックスなので、対グループで発散しないと収まりきらないですねぇ。TPOも考えつつ、「この相手に会うときは、こういう恰好をすれば一番イケてると思われる」とか企《たくら》んでしまう。学生時代、イケてる女の子に心から憧れていたから、おしゃれするというより、相手にイケてると思わせたいんですよ。

瀧波 その場合、「その子が自分よりも上だから引きずりおろしたい」ってマウンティングと、単純に「いろんな人にマウンティングしたい」っていうライトバージョンの二種類があると思うんですよね。犬山さんの場合はどっち？

犬山 後者ですね。相手の属性は関係ない全方位型マウンティング（笑）。

瀧波　それって、そんなに効き目が強くないんじゃない？

犬山　たしかに。服装盛ってるけど、少し態度がオラオラになるくらいですからね。相手の眼中にないことが多い。しょぼい（笑）。

瀧波　もっと攻撃的なマウンティストっていっぱいいるから。「相手が好きなものを否定する」、あるいは「相手が嫌いなものを肯定する」みたいに、自分の立場を上げたいというより相手を完膚なきまでに打ちのめしにいく人とかね。

どこまでOK？　どこからマウンティング？

瀧波　結婚したときに一番つらかった独身女子からのマウンティングは、夫のことをあれこれ言われたこと。最初に根掘り葉掘り聞かれるんですよ。「旦那さんって身長何センチだったっけ？」とか。

犬山　それを聞いて、どうするよ!?

瀧波　「一七〇センチぐらいだったかな」「えっ？　もっと大きいかと思ってた～」みたいな、よくわからない会話があって。女同士のたわいもない争いのために、夫が貶《おとし》められる悲しさと言ったらないですよ。

犬山　家族が貶められるのは、自分が貶められるよりキツい。自分へのマウンティングより、敏感に察知しますよね。私も飼っている犬のことと悪く言われたら腹立ちますもん。

瀧波　家族って犬⁉（笑）

犬山　一度、犬の顔を「目が小っちゃい。ブサかわだね～」って言われたことがあって。私、自分ちの犬を超美男子だと思っているので、自分が「ブス」って言われるよりショックでしたね。まあ、私が犬厨《いぬちゆう》的なものを出していたので何か言いたくなったのか、「わさお」みたいなブサカワカテゴリーがあるから、犬にだったら何言ってもいいと思っちゃったのか。

瀧波　犬厨！（笑）。人が飼ってる犬とか猫をけなす人って何がしたいんだろう？

犬山――ほんとですよ！（怒）相手のペットまで使ってマウンティングするなんて器が小さすぎる。でも、旦那さんを使ったマウンティングはさらなる悪意を感じる……。

瀧波〰〰気安く言ってしまいがちなことではあるけれど、人の彼氏や旦那さんに関しては何も言わない方が無難だよね。たとえ、悪気がなくとも（笑）。「そんなことまで気をつけなきゃいけないの〜」って思う人もいるかもしれないけれど、ほめ言葉以外で言っていいことって特にないと思う。「旦那さんの服のセンス、ちょっと微妙だよね」とか、思っていてもそんなことを口にする必要はないし、それはどうしてもマウンティングっぽくなってしまうから。

犬山――唯一、言っていいのはその子が不倫してるときだけ。「ろくでもない男だからやめな！」

瀧波　そりゃそうだ（うなずく）。相手が「ウチの旦那って服のセンスが微妙でさ」って言ってきたら、そこだけいただいて攻めるのはありかな。「うん、思ってたけど言わなかった！」って返して笑いをとるくらいなら。いただくまではどこも攻めてはいけない。「旦那さんの会社どこ？」も聞かない。

犬山　会社、聞きたくなるんだよなー。結婚した子がいると、「お相手の年収はどのぐらいだろう？」って気になって、気になって。どうやって鎮《しず》めたらいいんだろう、この気持ち！

瀧波　会社名聞いたら聞いたで、ネットで検索したくなっちゃったりね。

犬山　「この会社なら年収一〇〇〇万円超えてるんじゃないか？」と思ったり。確実に自分に関係ないことなんだから無駄な行為なんですよ。でも、気になっちゃう……解脱《げだつ》したい……。

瀧波　友達が結婚すると聞いて、その相手が知らない人だったら人となりを聞きたくなるのは人情だから。でも、どこまでOKなんだろうね？　歳は聞いてもいいと思うんだけど。

犬山 会社名は聞かないで職種を聞く。「何してる人?」とか。

瀧波 出会いは聞いてもいいよね。「写真見せて」も言いたいけど、見せてもらったら見せてもらったで感想を言わなきゃいけないから。まったくカッコよくないのに、「カッコいいね!」って言うのもしらじらしいし。

犬山 そうなると「いい人そうだね」一辺倒になってきますね。

瀧波 ヤクザみたいなビジュアルのときはどうするよ(笑)。そんなレアケースはさておき、写真を見た場合、見せた本人が何か言ってくるまで黙っているのがいいんじゃないかな。大抵は相手の方から「かっこ悪いよ」「ダサいよ」とか言ってくるので、それに対して「○○が言うほどかっこ悪くないじゃん」「そんなダサくないよ」あたりのコメントを返せばいい。

犬山 あとは何だったら聞いていいですかね。「出身地はどこ?」とか。

瀧波 出身地はそこから地元の名産品の話に広げていくことができるね。そんな話が楽しいかどうかは別として（笑）。

犬山 好きになったポイントも聞いていいかも。

瀧波 基本的に相手が気持ちよく話せることだったらOKだよね。それが細かい部分にまで及んでくると微妙。「夜は何時ぐらいに帰ってくるの？」とか、「家の中でお財布はどうするつもり？」とか、話を膨らませようとしているのかもしれないけれど、本当に大きなお世話だから！

犬山 絶対ダメというわけではないんですよね。向こうから話を振ってきた場合はOK。「夜の性生活はどうなの？」とか「子どもはどうするの？」なんかは特に聞いちゃダメ。

瀧波 私自身がいままでにさんざん失敗してきた経験から言うんですけど、質問に対する相手の答えを聞いて、自分がドヤ顔で喋ってしまいそうな予感があったらその話題は振らない方がいい。若いときは「別に何を聞いてもかまわないんだ！」と思っていて、根掘り葉掘りプライベートなことを聞きだしたあげく、それに対してちょっとイヤなことを言ってすっきりしたりしてた。

犬山　いいですね。言うかどうか悩んだら、その基準で考えればいい。早いうちに結婚した子はモヤること多いのかな。

瀧波　自分が不遇でいるときに、人の門出《かどで》を祝うって本当にむずかしいよ。寂しいし、悔しいし、マウンティングしてしまったらしてしまったで自己嫌悪に陥るし。「辛いけど、自分でがんばるしかないんだよな」って自分を奮い立たせるまでにどれだけ時間がかかったか！（笑）。

犬山　むずかしいですよね。独身女性と既婚女性がその後もずっと仲良くしていくためには、恋愛方面以外の共通の話題をつくらないとダメ。そこでしっかりつながっていれば、マウンティングなしでもそのまま仲良くしていけるのかなと。まあ、女同士が集まると、恋愛の話になりがちですけど。

瀧波 そうなんだよな～。それに、結婚式のアルバムとか高いお金を払って作るから、つい見せたくなっちゃう(笑)。

犬山 結婚式ってする方も行く方にもお金がかかりますからね。だから、する方は元を取らなきゃと思うし、行く方は「けっこうな額を包んだんだから、これぐらい言ってもいいだろう」みたいなかんじでチクチクつつきたくなる。

瀧波 友達が結婚式のアルバムを見せてくれたとき、写真の横に We are family! みたいな英語が躍っていて、あろうことか family のスペルが間違ってた。こっちも黙っていればいいものを、「ここ、スペル間違ってるよ」ってわざわざ指摘しちゃったことがある。「高いお金払ってアルバムを作ったのに、スペル間違えられるなんて本当に結婚って大変ね」ってニュアンス、相手に伝わってしまっただろうな～。こういうところで我慢できないって、人間として修業が足りないなあと思うよね。

犬山 私も姉夫婦の結婚アルバムに対して、スペル間違いを指摘したことがあります……。マウンティングのつもりはなかったけど、そうか、そう思われることもあるのか……（どんより）。

瀧波 式場しっかり！　完璧な仕様にしてくれないと、手ぐすね引いてるマウンティストが、「自分を悪者にすることなく、相手をちくちく突けるポイントみぃつけた！」なんてことを〇・二秒ぐらいの間に思いついちゃうから！（笑）。私がスペル間違いを指摘した子は、「記念のアルバムでこんな間違いをされるなんて……」って打ちひしがれちゃって。「そこまでしょんぼりさせるつもりじゃなかったのに……ごめんなさい！」って心の中で謝りましたよ。

犬山 マウンティングする気も引き潮のように引いていく。

瀧波 軽いジャブのつもりが、効きが強すぎるとそうなるね。

犬山 でもそれは、やっぱり式場が悪いですよ！（笑）。

善意とマウンティングの違い

犬山　では、本当の善意で何かを勧めてくる人とマウンティングと思われてしまう人の差ってどこにあるんですかね？

瀧波　誰かに服をプレゼントしたとして、その人がその服を集まりの場に一度も着てこなかったとしても、何も言わないのが善意だと思う。逆に「あれ使ってる？　すごくいいでしょ！」っておしつけがましいのがマウンティングかな。贈り物を自分の使者のように扱う。

犬山　アドバイスをくれるにしても、後々「ああ言ってあげたのに、なんでやんないの？」とか言ってくるタイプですね。

瀧波　自分は自分、他人は他人の区別ができない。

犬山　本当に優しい人は、悩んでいる人に「余計なお世話かもしれないけど、こういう情報があってね……」と具体的かつ役立ちそうなアドバイスをくれる。そこにマウンティングしてやろうって気配は感じないんですよ。アドバイスする際、そこに〝人に物を教えて、気持ちよくなっちゃってる感〟が入っているかどうかが分かれ道！

瀧波 あと、世間や他人の口を借りて注意してくる人はマウンティストの可能性大。ひとくさりアドバイスされた後にちょっとでも意見を言おうものなら、「あなたがいいならそれでもいいけど、世間の人たちはどう思うか」とかね。本当に善意で言ってくる人はそういう言葉は使わない。「世間」とか「みんな」みたいな言葉が出てきた時点で黄色信号点滅。

犬山 それはわかりやすい見分け方ですね。

瀧波 プライベートを根掘り葉掘り聞いてくる人にしたって、こちらの回答にジャッジを下さない人はいいんですよ。「どこに住んでるの？」って聞かれて、「中目黒です」って答えた後に、「ドラマに出てきたとこだよね」「美味しいお店が多そう」とかなら会話を盛り上げようとしてるんだなってわかる。だけど、「おしゃれだけど、家賃高そ〜」みたいな微妙なコメントが返ってきたときはマウンティストの可能性大。根掘り葉掘りプライベートを聞かれたときは、自分の答えに対する相手のリアクションで善意かマウンティングか判断してみてください。

あだ名はマウンティングのはじまり

瀧波 あだ名って自然発生的なものだけど、時と場合によってはマウンティングの香りがすると思っていて。「これから、あなたのことを○×って呼ぶからね！」みたいに勝手に決めつける場合とかがそう。名づけっていうのがすでに、親と子の関係のような上下関係が発生しちゃってる。

犬山 あ……男に急にあだ名で呼ばれたり、下の名前で呼び捨てにされるとイラッとしてたのはそれだったのか……。

瀧波 段階をちゃんと踏もうとすると時間がかかるから、いきなりあだ名で間合いをつめてくる。でもそれって本末転倒だと思うんですよ。だから私も対談が終わるまで、犬山さんを「いぬぬ」って呼ばないようにしてる。

犬山 瀧波さんにだったら逆に嬉しいけど……。

瀧波 だって、言っちゃうと自分の中に封印しているマウンティングモンスターが立ちあがってくるかもしれないから（笑）。ある程度、仕事をさせてもらって、話をして、そこから段階を踏んでいかないと。

犬山 そうか！　そういう気の使い方もあるんですね。

瀧波 それは私が本当にマウンティングモンスターだから。封じ込めた棺《ひつぎ》にいっぱい十字架が貼りつけてあって、その封印がバリッと取れた日には外に飛び出しますから。

犬山 誰の心の中にもモンスターはいると思いますよ。私の場合はゆるく肩にカーディガンをかけてるテレビ局のプロデューサーみたいなモンスター（笑）。

瀧波 あはは。自分を信用していないから、あえて封印しているところがある。

犬山 瀧波さんの第一印象は、「品のある人だな」だったんですけど、モンスターを封じきっているところがその理由なのかもしれない。

瀧波 逆に言うと、マウンティングしたい欲求を完全に封じると、品がよく見えるという特典がついてくるのかも（笑）。加齢に伴ってという線もあるかもしれないけど。

犬山 確かにその特典はついてきそう。マウンティングって「下品」ですもんね。加齢は……私と一つしか変わらないのにこの違いだからそこまで関係ないかも！（笑）。

瀧波 自分をよくみせたい、その場の中心になりたいみたいな浮ついたかんじがダメなんですかね。私は自分のイヤなところはそこだなと思っていて。

犬山 そこまで分析できていて、対処法までわかっているからだ！ だけど、若いと、自分をよくみせたいとか、場を盛り下げたくないとか思いがち。

瀧波　それはわかる。だけど、無理に他人が求める自分になる必要なんてないんだよね。

第二章

こんなにいる！
○○型マウンティスト

タイプ① 親友型

瀧波　一口にマウンティストと言っても、いろんなタイプに分けられると思うんです。まずは第一章でも出てきた、「打ち解けて何でも話そうよ！　それがこの場にふさわしい私たちの交流の仕方だよね」みたいな雰囲気を作ってくる親友型について話しますか。

犬山　プライベートを根掘り葉掘り聞いてくるタイプですね。家族の悪口なんかもそう。自分で言うのはいいけど、他人に言われたらイヤな気持ちになることもあるし。だけど、「何でも言える仲だよね」という大義名分のもと、言いたいことを言ってくる。

瀧波　そうそう。情報を引き出したうえで、「親友だからあえて言うね」って感じのマウンティングをしてくる。一般的に〝自分の話ばかりする人は厄介〟と思われているけど、そういう人はわかりやすい。逆に「あなたの話

親友型

©犬山紙子

をたくさん聞きたいの。それって悪いことじゃないでしょ？」みたいなムードを巧みに使いつつ、詮索してくる人の方が危険。「彼氏どんな人？」とか聞かれると、やっぱり嬉しいし。

犬山 芸としてなりたつ本来の「いじり」って本人がそこにいて、その本人がおいしくなることですからね。何でもズバズバ言うのが良いって物でもない。

瀧波 以前、自分と同じぐらいの身長の人とつきあっていたことがあって、その人はコンプレックスからか、かなりかかとの高い靴を履いてたの。それを、笑いながら「ユカリの彼氏、靴のかかと超高いよね～」って指摘してくる友達がいて。恥ずかしい彼氏のいる女というレッテルを貼られて、こっちの自己評価までどんどん下がっていったことがある。あと、「イケメンじゃないところが逆にいいよね」なんて言われると、褒められている風なのになんか釈然としないよね。だけど、事実イケメンじゃないし、「すごいイケメン！」なんて歯の浮くようなことを言う友人よりいいんだろうな、仲がいいからずけずけ言ってくれてるんだろうな、とプラスに解釈してしまう。

犬山　優しすぎですよ！　その解釈（笑）。

瀧波　住んでる場所とか、家賃とか、間取りとかの情報も親友型マウンティストに狙われがち。住環境ってストレートにジャッジを下しやすい要素だから。

犬山　うが～!!　私、家賃聞いちゃうタイプだ!!　気をつけねば。

タイプ② カウンセラー型

犬山　次は、こっちが求めてないのにアドバイスしてくるタイプ。私はこれが一番イヤかな。

瀧波　メイクとかファッションもね。

犬山　女同士だと恋愛も入ってきますよね。「彼氏できました」なんて言おうものなら、〝男が浮気しない方法〟とか〝セックスレスにならない方法〟とか、その子が独自に編み出した「ちげーだろ！」みたいなクソバイス（注：犬山の造語で「クソなアドバイス」のこと）をやたらとしてくる。桃井かおりさんや夏木マリさんみたいな口調で上から目線のクソバイスをされると、やっぱりイラッときちゃいますよね。あれはあの二人だから素敵なんであって。疲れるというか。

瀧波　ニコニコしたかんじで、「あなた、こうすればもっとキレイになると思

カウンセラー型

©瀧波ユカリ

う」とかね。これを「カウンセラー型」と命名しよう。

犬山 お前はいつ私の先生になったんだ！　ってタイプですね（笑）。

瀧波 こういう人にひっかかると、こっちが望んでカウンセリングを受けているみたいな雰囲気に持っていかれてしまうんだよね。これ、学生時代に非モテだった子が脱皮してモテるようになって、「あんたも私のようにすればモテるから」みたいなカウンセリングをはじめてしまうケースもよくある。

犬山 マウンティングの由来に「コンプレックス」がありますもんね。それ、私もされました！　非モテのどん底にいた子が突然、結婚したんですよ。そうなった途端、「彼氏が欲しいならピンクのワンピはマスト」みたいなメルマガ的メールを頻繁に送ってくるようになって。引きこもりだった男友達も、結婚した途端に求めていないアドバイスを寄こすようになりましたね。〝余裕ができて丸くなった俺〟を演出しつつ、「紙子も結婚したら幸せになれるで〜」とか女の幸せを語りだしてしまって。

瀧波 余裕って大きなキーワードかもね。マウンティングする人って大抵、「恨みとか妬みがあるわけじゃないですよ」ということを示すために余裕を演出する。

犬山 でも、人にアドバイスするのって本当に気持ちいいから！　私、おじさんがわざわざお金を払ってキャバ嬢に説教するのもわからなくはないですもん（笑）。

瀧波　同業者同士でもあるよね。作風や仕事の選び方について、親切を装ってアドバイスや説教をしたり。本を出す仕事は特に勝負の世界に近いものがあるから。

犬山　アドバイスされたらイラッとして、「私も重版かかったし」とかアピールしてしまいそう。

瀧波　アピールするのはいいんですよ。「○○ちゃんは、こうすればもっと売れるよね」なんて余計なアドバイスが入りだすと、マウンティングになってしまう。

犬山　うっ……。でも懺悔するとこの間、それやっちゃいました。自分がやられたら嫌なクセに……。

瀧波　そのとき、自分は本当にその人のことを思っていると勘違いしてしまわなかった？　それがカウンセラー型マウンティングの怖いところ。相手の作品を読んで、「ここをこうすれば売れるのに」と思う所まではいいと思うんですよ、個人の考えだから。でも、自分が万能な人間にでもなった気分で、それを本人に言ってしまったらアウト。本人から、「紙子ちゃん、この本で気になった点があったら教えて」って聞かれた場合は別として。

犬山　物書きの友人に、アドバイスを求められてもいないのに、「○○は自伝書きなよ～。絶対売れるよ」みたいなことを言ってしまったんです。売れるとか、売れないとかいうデリケートな問題って、他人が簡単に茶々を入れていいものじゃないですもんね。仕事ってプライドから生き様まですべて詰まっているものだし。謝ります……（頭を下げる）。

瀧波　早いうちに本人に謝れれば、全然問題ないと思う。メイクやファッションの話で言うと、以前、Aちゃんって友達から、「私の友達にダサくてメイクもほとんどしないBって子がいるんだー。モテ子に改造したいから手伝って」って言われたことがあって。Aちゃんの家でBちゃんに、「ここをこうしたほうがいいよ」ってアドバイスしながら、メイクしたり服を着替えさせたりして、可愛い女の子を作り上げたんです。「可愛くなったね！」なんて写真撮って、メイクのやり方も忘れないように紙に書いて、挙句の果てに「来月もやろうね！」って日程まで決めて。Bちゃんは内気だったから、「可愛くなれて嬉しいよ。これからもがんばる！」なんて言ってたけど、後から「果たしてこれは正しいことなんだろうか？」と考え込んでしまって。

犬山　それも、やったことがあります……。

瀧波　みんな、やってるんだね！　そして、もれなく後悔している（笑）。自分たちはめかす方法を知っていて、それを確かめたいだけなんじゃないか、そうしてその子に崇拝されたいだけなんじゃないかって。

犬山　私の場合は、自称・喪女《もじょ》（注：「もてない女」を指すネット用語）の友人と遊んだときに、その場でメイクしてあげたりしてました。瀧波さんの場合は友人から頼まれてですけど、私の場合は誰にも頼まれていないのに。「そんなパンツはいちゃダメ」とか、「こういう靴を履け」とか。そういう大人しい女の子ってスカートをはけないメンタリティーだったりするじゃないですか。そんなことは度外視で、その子の誕生日に「これ着なよ」ってダルメシアン柄のワンピースを贈ったりもしました。

瀧波 プレゼントきた!

犬山 これ、「おしゃれレイプ」ですよね。その子、次に私に会うときは「あのワンピ着てないし、メイクもしてないから怒られる!」ってプレッシャーを感じてたと思うんです。もう私に会いたくないとまで思っていたかもしれない……。

瀧波 その子とはもう連絡取ってないの?

犬山 「あのときはすみませんでした!」感を出しつつ、徐々に距離を縮めている最中です。やっぱり「謝らなきゃ」というのがあって。

瀧波　時間が経ってしまうと「今さら謝られても」って思われる可能性もあるからね。むずかしいところだよ、覚悟しておかないと。

犬山　拒否されたらそれはしょうがないってかんじですね。マウンティングって、取り返しがつかないものだったりもするんだよな……。

瀧波　私も改造と称して会ってたBちゃんには、つくづく悪いことをしたなと思ってる。その集まりは4、5回あったけど、結局、Bちゃんは変わらなかったし。

犬山　やっぱりそうなんですね！　その友達も、変わらなかったんですよ。

瀧波　たぶん、私たちが改造しようとした子たちって、もともとの自分が好きで、悩んでもいなかったんですよ。それをこっちが余計なお世話かつ自分が気持ちよくなりたい一心で、勝手なふるまいに出てしまった。

犬山　ああ〜、それでもまだ友達でいてくれていることに感謝したいぐらいです。

瀧波　気づいていないってケースもあると思うけど、服を着替えさせたり、メイ

もっ! 素材はいいのにもったいない
ガタ
そのベージュのパンツは今すぐ捨てること!! そのかわりにビビッドカラーのスカートを!
今度私のお下がり持ってくるから変身しよっ!
あっ…
う…うん…
私はメイクしてあげるー♥
チーク入れて、トレンドの赤リップしたらかわいくなれるよ〜!!
おしゃれレイプ

おしゃれレイプ

クしたりって冒瀆だよね。相手の見た目を変えるわけだから。

犬山――相手のことを「今のあなたはダメだから」と否定しておいて、「私が持っているテクどう?」って見せつけるワケですから。自分でやっておいて何だけど、本当にヒドい!

瀧波～ヒドいけど、割とよく見る光景だし、そういうドラマもあったりするよね。冴《さ》えないメガネ女子のメガネを取ってあげて、チークをささっと塗ってあげて、鏡見せたら「わあ、これが私?」みたいな。どうやら多くの女子に、「見た目のカウンセリングはその子のためなんだから、とってもいいこと!」って擦《す》りこまれている節がある。

犬山――その子が自ら「教えて」って言ってこない限り、そういうことはねえ――プロならまだしも、こっちは素人だし。

瀧波～そう! その前に自分の顔をどうにかしろよっていう(笑)。

犬山――「素人が素人に何言い出すんだ?」って話ですよ(笑)。

タイプ③ プロデューサー型

犬山 とある美容室で、担当の美容師さんにマンガやゲームの話を熱く語っていた時期があるんですよ。そうしたら、ふとみえたカルテの備考欄に「不思議ちゃん」って書かれていて（笑）。自分で自分のこと、不思議ちゃんだとは微塵《みじん》も思ってないんですけど、「これからこの美容院にくるたびに不思議ちゃんを演じなきゃいけないのか……」って考えたら、そのプレッシャーに耐えられなくなって美容院を変えました。

瀧波 私も一度、美容院で子どもの話をしたら、それ以降毎回、子どもの話。そこまで子どものことをベラベラしゃべりたいわけじゃないんだけど、カルテには「子持ち」って書かれていると思う。

犬山 「子持ちなら子どもの話しときゃ喜ぶだろう」みたいな安易さが透けて見えますね。

瀧波 この手の決めつけ、女子会にもあるよね。心のカルテに勝手に個々のキャラクターが書き込まれていて、「明日は五人の友達と会うから、この子をいじって、この子はこうして……」みたいなプロデューサー的シミュレーションが脳内で行われている。

犬山 それはあるなあ。

瀧波 「あの鉄板のおもしろい話してよ〜」って飲み会ごとに要求されるのってプレッシャーじゃない？ 「あのときはウケたけど、もう何回目よ……？」みたいな（笑）。こっちは笑わせ要員ってカルテに書き込まれるのがツライのに、「ユカリのおもしろさをみんなにわかってもらうためにやってるんだからねっ！」

犬山 ああっ！ それ、やっちゃう！

瀧波 やっちゃった話、じゃんじゃんいきましょう！（笑）。

犬山 私的におもしろい人と一緒の時、「この子、本当におもしろいから聞い

プロデューサー型

©犬山紙子

て！」「ねえねえ、あの話してよ！」って、〝私、こんなおもしろい友達いますよアピール〟をしちゃうんですよね。

瀧波 そのときだ！ プロデューサーカーディガンがゆるく肩にかかってるのは（笑）。

犬山 完全にかかってますね。「私があなたのおもしろさをみんなに伝えてあげるきっかけを作ったのよ！」って。実は知り合いに、自分の股で人の顔を挟《はさ》んで写真を撮る女性がいるんです。

瀧波 上向きに？

犬山 そう。ある日、その子と馴染みのスナックに行ったんです。そこでその子が「やりたい」とも言っていないのに、「この子、こんなことやってるんだよ！」って。今考えたら、「それやるときは男物のトランクスをはいてないとできないから……」ってやんわり断られたんですけど、そこで私が最悪だったのが一〇〇〇円出しちゃったんですよね。

瀧波 プロデューサーがADを買い出しに走らせる、みたいな？

犬山 その子が、「じゃ……トランクス買ってくるよ」って立ちあがって、こっちは「やったー！　買ってきて～」みたいな。完全にやらかしてますね。

瀧波 やってますね（うなずく）。

犬山 私はこの手のマウンティングを一番やっちゃってるかも。そうか、私はプロデューサー型かあ。

瀧波 犬山さん、混淆《こんこう》型もありうるよ。プロデューサー型は親友型とドッキングして〝おしゃれレイプ〟に発展しやすいから（笑）。

犬山　はい。それもやってます。一緒に同人誌をやっていた友達の男の子に、「文章うまいんだからさ、ブログはじめたら？」的なことを延々語った経験アリです。もちろん、彼ははじめませんでしたけどね。

瀧波　私がマウンティストとして彼に接していたら、たぶん、追い打ちをかけてますね。

犬山　私も、ブログをはじめない彼に何度も同じ話をまたするという追い打ちはかけました。そこ、善意とマウンティングの境目ですよね。あ〜、ほんと私、何やってたんだろう！（頭を抱える）

瀧波　まあまあ。

犬山　最初は本当に善意だったんだけど、だんだん〝なぜ私の心からのアドバイスを聞いてくれないんだろう〟って思いだしてましたから。瀧波さんは全然関係ない人に、「瀧波さんはこうしたほうがいい」的な指導を受けることってありませんか？

瀧波　「なぜ、あなたが？」みたいな人にね（笑）。自分のことを一番考えてるのは自分なのに。

犬山　そうそう。

瀧波　それが出版業界の人とか、人に意見してしかるべき立場の人であれば、「聞かせていただきます」って態度にもなるけど。

犬山　ところがですよ。たまにテレビに出ると、ツイッターのリプライでまったく知らない人から「テレビに出るときはもうちょっと前に出ないと」とか飛んでくるんですよ。

瀧波　おまえ、誰だよ！（笑）。でも、その人はテレビ見ながら、「うーん、紙子はここをこうしたほうがいいな」とか思いながらリプライを飛ばして、気持ちよくなっちゃってるんだろうなあ。思うだけならいいんだけど、SNSを使ってそれを言いだしたらマウンティングです！

犬山　勝手にプロデュースしてくるんですよ。連載しているコラムに対してもあります。「最近は丸くなって毒がなくなっちゃったね」とか。

瀧波　私もそれ、三百回ぐらい言われてますよ！

犬山　「毒を吐いてください」とも言われるんですけど、そもそも毒って何だよ！　っていう。あ、これが毒なのか（笑）。

瀧波　「もう一度、あの頃の毒を取り戻すためにはこうすればいい」とかアドバイスされたら、もう、もうっ！

犬山　イヤですね〜。プロデューサー型の人って、独自の「これがいい」「これは善」ってルールを勝手に押しつけてくるんですよね。恋愛は善だから、彼氏がいないとダメだみたいな。そんなことはないし、人それぞれなのに。

瀧波　ふふふ。プロデューサー型の人でも自分がプロデュースされたときは……。

犬山　絶対にイヤ！　無知として扱われるのはたまんないです（笑）。

タイプ④　事情通型

瀧波　「事情通型」は、とにかく情報を持っていて、「親切心で君に教えてあげるんだよ」みたいなスタンスの人。「そのパソコン、もう古いよね」とか。これは大学時代の話なんだけど、九〇年代当時の日芸（注：日本大学芸術学部）は普通に可愛い子よりサブカル系の方が優勢だったんです。いかにもモテるようなかんじの子は、かなり肩身の狭い思いをしていたんじゃないかな〜。今思うと〝サブカルレイプ〟していたのかもしれない。「えっ、つげ義春読んだことないの？」

犬山　「え？　ナウシカはマンガの方を読まないとダメでしょ？」

瀧波　言われた方はそんなにダメージは大きくなさそうだけどね（笑）。だってその子は、サブカル界で生きていかなきゃいけないわけじゃないし、女としてダメ出しされたわけでもない。「この人たちすごいな〜、本当にサブ

事情通型　©瀧波ユカリ

カルが好きなんだな〜」とは思ったかもしれないけど。

犬山――された方に逃げ場があると、マウンティングの効力って一気に弱まりますね。一方でおしゃれというのは女にとってのメインストリームですから、やられるとキツい。

瀧波〜〜その頃の私は音楽系のサークルに入っていて、けっこうがんばって都会っぽいオシャレをしてたんです。だけど、情報は田舎にいた頃のままだから、「好きな音楽は?」って聞かれて、「ドリカムです」って言っちゃったんですよね。当然のように「ププーッ‼」みたいな笑いがおきて……その頃は気づかなかったけど、マウンティングされてたんだな(遠い目)。

犬山　「好きなマンガは『ワンピース』です」と同意義ですね。サブカルだと同じ目に遭う。

瀧波　私、ドリカムネタで三年ぐらい笑われたからね。「入学したての頃、ドリカムが好きって言ってたよね〜(笑)」

犬山　ネチネチと(笑)。

瀧波　今思うと、「ドリカムが好き」って純粋に言えてしまう田舎から出てきた女の子って存在が眩しかった……ってのもあったのかも。

犬山　眩しいものがうらやましく思える感情ってありますよ。サブカル界にどっぷり浸かっていると、素直に「これが好き」って言うことができなくなる人もいますしね。映画ひとつとっても、まずは町山智浩さんとかの批評を一通りチェックしたうえで、「ああ、これはアリって言っといたほうがいいのかな」とか、その作品の世間的なポジション探りをしてから人にしゃべる。

瀧波　めんどくさいな〜（笑）。そういう人からしたら、好きな物を素直に好きと言えた私はリア充っぽく見えたのかな。別にドリカムが大好きで仕方なかったわけじゃないんだけど、音楽の趣味を言ったら笑われるなんて夢にも思わないから、「最近、聴いたの何だっけな〜」ってかんじで何の気なしに答えただけ。つくづく無防備だったなあ。とにかく、芸術系の学校ではドリカムとかメジャーなものを好きとは言えないし、村上春樹がおもしろいとも言えないんだよ。ハルキって新作が出るたびにマウンティストの恰好の材料にされてるよね。ハルキ、かわいそう！

犬山　そう考えるとメジャーな作品って、ファンとサブカルどっちにも貢献してすごいな……。

瀧波　これはさすがに言ったことないけど、マンションを買ったばかりの人に、「あちゃー、いま買っちゃいましたか〜」ってパターンもあるよね。人生で大きな決断をした人に対して事情通ぶる。

犬山　考えて、考えて決断して、これから人生をよくしようってときにおもいっきりテンション下がるようなことを言ってくる。そういうとき、人は自虐で回避しようとしますよね。

瀧波　マウンティングされる前に、「これから三十五年ローン地獄だよ〜」とかね。そう言っとかないと、うらやましがられて何言われるかわからないから（笑）。

タイプ⑤　自虐型

瀧波　さっきのマンションの話じゃないけど、「自虐型マウンティング」もあるよね。今までのパターンとは逆で、自分の状況を逆手に取る。「いいな、いいな。私なんて全然結婚できなくって、独身生活を謳歌しまくっちゃってま〜す」みたいに、自虐から入って自慢に持っていく。

犬山　延々、自虐を続けるパターンはマウンティング?

瀧波　それは、「腹見せ」かな。犬がお腹を見せて、「私はあなたに対して敵意を持っていませんよ」という服従のポーズと同じで、マウンティングを回避したいときに使う。だけどこれ、やりすぎるとその場がどんよりしてくるんだよね。

犬山　ついこの間、ライターの友人とお茶をしたんですけど、腹見せをやりすぎちゃったんです。最近、自虐がクセになりすぎて「自分がいかにダメかを語らなきゃ!」と思ってしまい、「将来が不安だ」「フリーの仕事はいつまで続くかわからないから貯金はどうしよう?」ってお酒も入っていないのに延々、笑えない話ばかりしてしまったんです。彼女、最初は優しくうなずいてくれていたんですが、そのうち自分も自虐を言わなきゃいけないと思ったみたいで……。相当どんよりさせてしまった後に、「やってしまった！」と思って。

瀧波　自虐のカツアゲですね。

犬山　「オレもしたんだから、お前もしろや！」という……。世間一般にも自虐って流行ってますから、一般的にも腹見せ傾向は進んでいる気がします。

瀧波　腹見せに関しては第五章の「マウンティングの回避法」で大いに語りあうとして、まずは自虐自慢の話に戻しますか。私もそうだけど、フリーランスの自虐マウンティングって多い気がする。「朝出社する時間も決まってないから起きるの昼過ぎだし、家から出ないから女子力も落ちまくり。寝たいときに寝て、食べたいときに食べちゃってるよ」とか、勤め人が聞いたら「ふざけるな！」と言いたくなるような。

犬山　あとはモテることやルックスは自虐オブラートに包みやすいですよね。「軽く見られてるのかなー」とか「ずっとすっぴんだから化粧の仕方わか

自虐型

©犬山紙子

らなくて」とか。あと、子どもがいる人の自虐マウンティングも話に聞きます。

瀧波　今だったら、もし独身の友達にちょっとした恋愛の悩みを聞かされたあとに「子どもを育ててると毎日が忙しくて、ちっちゃなことで悩んでるヒマはないかな〜」くらいはやってしまいそう（笑）。

犬山　ちっちゃなこと！　じゃあ本当にただの自虐で言いたいときと、マウンティングが盛り込まれている場合の見分け方ってありますか？

瀧波〜文字にするのはむずかしいんだけど、マウンティストと直接、対話してたら、ちらりと見えるものがあるんだよね。一瞬のドヤ顔とかで何となくわかる。

犬山｜ミサワ感（注：ドヤ顔で決めゼリフを言うマンガなどで知られるマンガ家・地獄のミサワより）が出るということですね。

瀧波〜さっきのフリーランスの話でいうと、「仕事ないよ」「確定申告の締め切り過ぎてるのに、レシートの整理してないよ」は単なる自虐かな。

犬山｜フリーランスあるあるになってる！（笑）。

瀧波〜そういう自虐をみんなで楽しみたいときもあるけれど、満場一致でやりだすと、それだけで二時間ぐらい過ぎてしまうから。

犬山｜そうなると、飲み会が不毛になっちゃうんですよね

瀧波〜ズバ抜けておもしろい自虐ならいいんですけど、確定申告が終わってない

ネタとかはお互いさまというか。

犬山 自虐にも作法が必要なんですね。

瀧波 『自虐の作法』、それで一冊書けそう（笑）。

犬山 はぁ〜、どうして人は自虐を繰り出しちゃうんでしょうね。言いたいことを自虐のオブラートに包むマウンティングは置いといて。調子こいてると思われたくないから？

瀧波 調子こいてイヤな思いをした過去がそうさせるんでしょうね。

犬山 ありますね。さっきライターの友人とお茶したときも、嫌われたくない一心で「私は調子こいてません」って伝えなきゃと。

瀧波 そもそも、嫌われる要素もないのに「嫌われたくない！」と思うことが、人と人との関係として不自然な気がするよ？

犬山 最近、会ったこともない人に嫌われたりして、私のこと嫌いじゃないってだけで女神に見えるんですよ……。

瀧波　自虐から会話を始めてしまうと、それがマウンティングしようとする自虐でも、馴染もうとする自虐でも、相手の出方は限られてしまうでしょ。すぐに思いつくのは、なぐさめるか自分も自虐を出すかの二択ぐらい。

犬山　そう！　そのときの友達、「犬山さん、私ついに、これに手を出してしまったんですよ」って乙女ゲームの画面を見せてくれたんです。優しさですよね（泣）。

瀧波　サシでお茶とかお酒を飲む前って、「こういう話ができたらいいなあ」っていう話題がいくつか頭の中にあるじゃないですか。どれを出すかはそのときの雰囲気次第なんだけど、相手に先に自虐を出されると、「あ、これとこれは今日は出せないな」と手ごまを封じられてしまう。

犬山　過度な自虐が会話のバリエーションを狭めてしまうということは覚えておきたいですね。

瀧波　逆に使うのであれば、相手が出しそうな会話のバリエーションを封じたいときに自虐を繰り出せ！ と言えますね。相当な裏ワザですけど（笑）。

タイプ⑥ 無神経型（無意識型）

瀧波 「無神経型（無意識型）」は、友達同士よりも一期一会な状況の場合に多いかな。たとえば、ふらりと入ったバーの女主人に「こんなこと言うのもなんだけど、あなた、ちょっと幸薄《さち》そうよね」っていきなり言われるとか。

犬山 私、言われたことある！ 「陰のオーラが出てるわ」って。これは、最強ですよね。

瀧波 これを言う人は、すごく動物的な人だという気がする。

犬山 想像力がないというか、「これを言われたら、この人は嫌な気持ちになるだろう」ということがわからない。

瀧波 マウンティングとしてかなり薄れてしまうけど、見知らぬおばさんがいきなり若い子に、「あなたたち、キャーキャーしてられるのも今のうちよ」

無神経型

©瀧波ユカリ

っていうのはどう？

犬山――鬱憤を晴らしているだけのような気もしますが、無神経型はジェネレーションギャップに基づくものが多いんですかね。

瀧波〜〜たしかに、おじさんおばさんが言いがちなイメージ。でも昔、アルバイト先で友達と「ここはこうしたほうがいいよね」とかってキビキビ話してたら、大学生の子に「瀧波さんってお局《つぼね》さんみた〜い」って言われたことがある。

犬山　無神経ですね〜。

瀧波　私は若い、あなたは年増《としま》、さらに性格がキツいってことを一言で訴えてきた。すごい技をくらったなと思って。

犬山　私もよく「姐《ねえ》さん」って言われます。それは男にも女にも、同年代の子にも言われますね。

瀧波　私は姉御《あねご》とか姐さん呼ばわりはそんなにイヤじゃないんだよな。でも、一度、姐さんと呼ばれたら、もうその立ち位置からは降りられない。

犬山　そうなんです！　男の前でだけ私のことを「姐さん」っていう女子もいた……。

瀧波　呼ばれたくない人がそう呼ばれてしまったら、たしかにツラい。

犬山　好きな男がいるグループでそのあだ名が付いたら絶望ですよ。たぶん、「もうモテとかどうでもいいや」って心境になって、恋愛から若干リタイアした身なら、そう呼ばれる方がラクなんでしょうけど。

瀧波　無神経型はひと言でビシッとマウンティングすることが多いのかな。中学生とかにありがちだけど、クラスの中で一番マジメな男の子のことを「ガリ勉くん」と呼んだり。

犬山　あるある。〝あだ名絡み〟はけっこうありそうですよ。キャラクターを決めてくるプロデューサー型のところでも出ましたし。

瀧波　使い古されたというか、使い勝手がよくてふと出ちゃうようなあだ名を使うのが無神経型かな。「ガリ勉」は「ちょっと頭がいいね」という意味を込めているように見せかけて、「お前は勉強ばかりしているつまんないヤツだ」というのが真意。中学生は頭がいいってことがオスとしてカッコいいわけじゃないし。

犬山　おじさんがあんまりかわいくない女の子に、「愛嬌があるからええやん」「姉ちゃん、でも性格美人やんか」。これも無神経型ですよね。

瀧波　それは単に気のいい関西のおじさんな気も……。

犬山――でも言われた方はイラッとするんですよ。「ホメてるんだからいいじゃん」ってことなんでしょうけど、前提に「あなたはかわいくないですよ」があるわけですから。相手の気持ちを無視して自分が褒めていることに重きをおいているだけ。

瀧波〰本人が誇っているわけでもないのに、みんなから勢いで「セクシーダイナマイツ！」「ナイスバディ！」とか言われてしまうとか。

犬山――本人が誇ってないのにっていうのがポイントですね。

瀧波〰「今日は気合い入ってますね〜」は？　この程度の飲み会を楽しみにしちゃって〜という意識が言外に滲《にじ》んでる。

犬山――もう、飛んで帰ってTシャツに着替えたくなりますね。

瀧波〰たった一言だけだと、何か不快な思いをしたとしても後から思い出せないんですよね。マウンティングがうまい人は、こういう一言をちょいちょい会話に挟んでくる。

犬山　うまい人（笑）。そういう人は気づかれないようにちょいちょいマウンティングして、ちょいちょいストレスを発散してる。

瀧波　言われた方も一瞬のことだから「気のせいかな？」で片づけてしまうんですよね。

タイプ⑦　司会型

犬山　「司会型」マウンティストは、「この場の空気は私が支配しますよ」っていう全方位型マウンティングをする人。「トークの主導権は私が握ります」って態度で、口グセは「ちょっと待って！」。ほんの少しの共通点でも自分の話をむりやりねじこんだり。

瀧波　そういうことをするためにお店を開く人がいるんですよね。

犬山　（爆笑）また、バーですか！

瀧波　本当にあるんですよ（笑）。普通、女主人とお客さん数人で話していて、

司会型

©犬山紙子

そのうち誰かがトイレに行って戻ってきたら、「さっきまでこういう話をしていたの」みたいなまとめを女主人がさらっとしてくれるでしょ。でも、自分だけトイレに行って戻ってきたとき、そういうフォローがないとか。

犬山 自分だけ話題から置いて行かれる。イヤですね〜。

瀧波 狡猾なのでわかりづらいんだけど、けっこうあるよ。ふらりと画廊に入ったら、そこのオーナーさんは他の一見客にはいろいろ話しているのに、私にはちっとも話しかけてこないとか。

犬山　ふらっと入ったときにやられるマウンティングって都会の罠ですね。こういう人も、スクールカーストを引きずっているんですかね。その頃、ピラミッドの一番上にいた人が、大人になってからも下位のひとりにだけわからない話をしたり、仲間はずれにしたり。逆に下の方のカーストに属していて、「いつか自分も上の立場に立ちたい」と思っていてやってしまうとか。

瀧波　コンプレックスを抱えた後者のような気がするな。この手のマウンティングは気がつかないことも多いんだけど、「自分は悪いことをしていないのに、なんか楽しくないな」と思うときは大抵、司会型マウンティストの術中にはまってる。さらに、自分だけ笑顔で跳ね返されてるかんじがしたなら、確実にマウンティングされてます！

犬山――そして、司会型マウンティストの最終形態がバーか画廊を開く（爆笑）。

瀧波～～もちろん、いいお店もたくさんあるし、全国のバーや画廊のオーナーさんたちには本当にごめんなさいというかんじなんだけれども。

犬山――ドラマとかの影響で、多くの人が「バーには、こっちの話を聞いてくれるいいマスターがいる」という幻想を抱いているフシもありますよね。

瀧波～～でも、そこにいるのはただの〝ヒト〟なんですよね。そりゃ、マウンティストにしたら恰好の餌場《えさば》ですよ。自分のことを人格者だと思い込んでいる人が、次から次へと入ってくるわけだから（笑）。

マウンティングシミュレーション

司会型

バーのママ［瀧波］　一見の客［犬山］　常連客［編集］

（お酒を作りながら）最近、一人で来る若い女の子、多いんですよね。

私もこの年になってようやく、一人の時間を楽しめるようになってきました。

お仕事とか何なさってるの？

OLですー。

OLさんなの〜。こぶちゃん、どう？　OLさんですって。❶

❶さっそくあなたのために便宜をはかってあげるわよ！とまずは**恩を売りつける先制攻撃！**

いいねえ。

これもひとつの縁《えん》だと思うのよ。どう？ 彼みたいなタイプ。

でも…、私…、好きな人がいて……。

こういうところではそういうこと言うのは無粋よ？❷ 最近の若い子ってバカ正直よね。ホホホ。

えー。私もママみたいに年を取ればわかるのかなー。①今時の子って、ガッツかないというか、ゆったりしてるんですよ〜。

っていうか、ガッツけない世代って印象よ？ バブルの頃とかみんなギラギラしてて、❸私も一財産稼がせてもらった口だから。ロスジェネ？ 今の人たちには本当にがんばってほしいのよね〜。こんな時代だけど（紙子がしゃべろうとするのをさえぎって）言わなくてもわかってる！ あなたたちが大変だってことはわかってるから！

（小さな声で）勝手にわかられてる……。②（通常ボリュームで）

❷とたんに「場のルール」を押しつけ、「**すべてわかってて教えてあげる私**」「**なにもわかってなくて人から教わるべきあなた**」という設定を明確にする！

①知識を羨ましがっていると見せかけ、相手をババアとけなす。年下から年上へマウンティングする時の基本テク。

❸ **バブルボッコ**
バブルを生きたというだけで得意げになり若者をボッコボコにする。

②こぶちゃんにだけ聞こえるボリュームで味方をつくり、流れを変えようとしている。

バブル時代いいな～。お金がありあまってたって言いますもんね。あ、でも携帯がバカみたいに大きかったりネットもないしな～。コンビニもそんなになかったですよねー。そうそう、バブルといえばウチの会社に今でもバブル引きずってる女の人がいて、その人のファッションがちょっとイタいんですよね。ママもバブルファッション似合いそーー！③（首かしげる）

私はそうでもなかったけどねえ。そういう恰好をしてた芸能人の○○さんとかは、その頃からすっごく仲が良くって、❹今でも「ママの店が一番だよ」って言ってくれてるのよ～。

仲良しなんですね。

おかげさまです。（ニッコリお辞儀）❺

でも、ママの眉《まゆ》の書き方って……。

（あさっての方向に）はいはい。今作りますね～。（向き直っ

③けなし文句としての「**似合う**」。

❹「**芸能人と長い付き合い**」というOL女子には出せない切り札。「紹介してくださいー！」と言わせたい。

❺すでに「**講演会で話す人**」モードに突入。

て）ごめんなさいね、一人でやってるもんだから。❻

ママ、後でおかわりください……。

（しばしあって）

ママは結婚してるんですか？④

紙子ちゃんって言ったっけ？　こういうところでそういうことってね、聞かない方がいいのよ～。❼最近の若い子って困っちゃうわね、こぶちゃん。

まあまあ、まだ若いから。

水商売のルールみたいなものがあるんですねぇ。　私はまだウブなところがあるから……。⑤ごめんなさい。

水商売のっていうか、大人のルール❽よねえ、こぶちゃん。

こぶちゃんさーん、せっかくだからアドレスでも交換しましようよ～。⑥

いいよいいよ。じゃあメールするよ～。ちなみに今度の日曜

❻**ブロック**
不穏な話題は早々にシャットダウン!!

④**引っぱり出し**
マウンティングできる要素を引っぱり出す！

❼**PP（プライベート・プレミアム）戦略**
「場のルール」のおしつけ＆プライベートを闇に包むことでさもその情報に価値があるように思わせる。

⑤むしろ「場のルール」を知らない方がピュアで魅力的ですよ、の意。

❽「水商売」というレッテルは貼らせない。（マウンティングされる危機を回避）

⑥男は結局若い女の味方だから、と牽制。

ってあいてる？

見ちゃった、見ちゃった〜。はやーい！　最近の子って早いのね〜❾。

そうですか〜？　携帯の機種も同じだし、アプリの話とかしたいな〜と思って。⑦
え〜、こういうお店でね〜、携帯パパッと振ってね〜。ちょっと、情緒はない❿わよね〜。

アプリとか楽しいですよ。ママはスマホじゃないの？

ガラケーなのよ〜。

ちょっと老眼だしね（笑）。

じゃあ、こぶちゃん。今度の日曜、デートでも♡

ダメよ、こぶちゃんはヒドい男なのよ〜。私は長いことこぶちゃんのことを見てきたから、何も言わなくてもわかる仲だ⓫けどね。

❾**「あなた尻軽、私貞淑」**とレッテル貼り攻撃！

⑦**ババア封じ**
ママが入れない話題をワザとする。

❿新しいものは何でも否定する。

⓫**「私は全部お見通し！」**という全知全能アピール。**神か？**

いやあ、ママとはまだそこまでじゃないよ。

そういうことを言っちゃうところが、こぶちゃんなのよね～。⓫

そろそろ、お会計をお願いしようかな。こぶちゃん、次の店行こうよ！⑧

そうだねえ、ここ、ちょっとウルサイしね。

⑧他の客を連れて店を出る。客として最大の仕返し。

第三章

恐怖！マウンティングのなれの果て

ダークサイドに落ちる罪悪感

犬山 実は私、近々のタイミングでマウンティングしちゃったんですよ。

瀧波 また、しちゃったんだ（笑）。

犬山 マスコミ系の方と食事しているとき、その人が「自分の浮気が原因でケンカをした」なんて話を始めたんです。そのくだりの後、唐突に「これは○○（某有名ジャニーズ）にもちょっと責任があるんだよ。彼にも一緒に謝ってもらわなきゃ」って放り込んできて。

瀧波 えっ？　なんで○○？

犬山 彼は○○と同級生かつ友人関係だったらしくって。それを言いたいがために、わざわざ自分の浮気話を持ちだしたんだと思ったらイラッとね（笑）。そこでつい、「え〜○○さんと友達なんだ〜。すご〜い。でも私もオザケンにあったことがある」って言ってしまったんですよ。実際は十秒くらい同じ空間にいただけなのに（笑）。

瀧波　それ、マウンティングになってないよ。残念ながら（笑）。

犬山　ただの自慢か（笑）。そんなだったからか、その飲み会は少しサムいかんじに終わってしまい、帰った後にすごく反省しました。どっと疲れがくるんですよね、自慢やマウンティングしてしまうと。

瀧波　口に出した瞬間は気持ちいいんだけど、後から「またダークサイドにいったな……」という虚無感に襲われる。

犬山　そうそう！　このかんじ、マウンティング以外にもありますよね。そのときは快感なんだけど、後でものすごく後悔する。高い買い物と似てる？

瀧波　背伸びをする気持ちよさと、それに伴う後ろめたさ、みたいな。

犬山　分不相応なかんじが自分を苦しめるというか、凹みましたよね。

瀧波　大丈夫。その程度ならかわいらしい話だよ。

犬山　なもんで、相手にマウンティングを仕掛けられても、コッチは返さないでいられる方法を知りたいんです！

瀧波　聞こえなかったふりとか？　うーん、こっちがリアクションするまでマウンティングされ続けることもあるからなあ。私だったらそうするだろうし（笑）。

犬山　されてる側があれこれ考えなきゃいけないのが納得いかない！（憮然）

瀧波　応戦するぐらいしかスッキリする方法はないけれど、マウンティストと同じ土俵にあがってしまうと後からガクッとくる。これが、マウンティングの恐ろしいところだよね。

マウンティングは麻薬？

犬山　そもそも、マウンティングの何がこんなにストレスになるんでしょうね。

瀧波　普通の会話よりずっと「圧」が強いんだと思う。

犬山　というと？

瀧波　「うらやましいと思え！」とか「私が上だと思え！」って念と細工がこめられた言葉を受け取るだけでも気分良くないのに、和やかな場の空気を壊さないようなリアクションを返さないといけない……。そのプレッシャーがストレスになるんじゃないかな。

犬山　なるほど！（膝《ひざ》を打つ）

瀧波　動物だったら「俺の方が上だ」「はい、すみません」で終了なんだけど、人間はうわべを取り繕おうとするから。

犬山　ただでさえ場の空気を読むことを求められる時代ですからね。そりゃストレスになるわけだ。私、日常的に彼氏に「私はエラい」みたいなマウンティングをしちゃうんですよ。どうにかやめたくって……。

瀧波　私も結婚して間もない頃、夫にムリばかり言うことで〝私の話を何でも聞いてくれて、その都度許してくれて、私が困っているときは「しょうがないな」と言いながら何でもやってくれる夫〟にがんばって仕立てあげようとしたよ。だけど、できなかった（笑）。そういうことばかりしてると、関係が破綻しそうになるんだよね。

犬山　そうですね。過去の恋愛で、お互いにマウンティングしあううち、恋愛が「どっちが上に立つか」のバトルになってしまったことがあります。そのときはマウンティングしているという意識もないからループから抜け出せなかったんですよね。

瀧波　一方通行のマウンティングって実は少ないよね。たいてい双方向になる。

実録！ マウンティング合戦の行き着く先

瀧波　マウンティングを長年続けると、どういうことが起きるかを話していいかな？

犬山　お願いします。

瀧波　地元でダンサーやってた友達が、「今度、発表会があるから見に来て」ってチケットを二枚送ってくれたんです。しばらくして、「ユカリに送ったチケットのうちの一枚を別の人にあげたいから、悪いけど発表会の前日に一度来て、受付にチケットを戻してくれない？」って言われて。それを聞いてムッとしたこともあり、ついマウンティングしてしまった。

犬山 それで、それで？

瀧波 いざ発表会に行ってみたら、プロに囲まれた私の友人はお世辞にも踊りがうまいとは言えなかった。それで、ものすごく長いダメ出しメールを送っちゃったんだよね。「あなたの踊りのここところがよくなかった」みたいな。

犬山 メールだから、さぞや練りに練られたマウンティングだったんでしょうね（笑）。

瀧波 〝お客の目線で思ったことを書きます〟的な。ひどいことをやったなあ。

犬山 返事は返ってきたんですか？

瀧波　そのときは「私もがんばる」みたいな大人なメールが返ってきて、その数カ月後、今度は「お金を払うから、スタジオの壁に絵を描いてほしい」ってメールが来た。だけど、マンガの仕事とはかけ離れてるし、こっちは壁画なんて描いたこともない。だから「難しいよ」って伝えたんだけど、なかなかあきらめてくれなくて。だんだん私も、「素晴らしい私のスタジオに絵を描きなさい」ってこと？　みたいな被害妄想を発動させてつらくなっちゃって。結局、「サイン色紙とかでよければ描けるけど、壁に絵は描けないよ」って断ったら、すごく怒ってしまった。

犬山　「私がアンタの絵を認めてやってるのに！」ってことなのかな……。

瀧波　それからしばらく経って、私が妊娠していることをその子がブログに書いちゃったんです。「今日は漫画家の瀧波ユカリさんに会ってきました。なんとユカリさんは妊娠四カ月！」って。当時、妊娠初期でとても世間に向けて話せるような状況じゃなかったから、ごく少数の人にしか知らせてなかったのに……。大慌てで、「お願いだから消して」って言ったんだけど、「ごめーんアハハ」みたいなかんじで全然真剣に謝ってくれなくて。それどころか、「私、そういうのが悪いって知らなかったからさー」。

犬山　はー、モヤモヤする！

瀧波　「こっちは真剣に怒っているんだよ？　もうちょっと真面目に謝ってほしい」って伝えたら、「スタジオの壁に絵を描く話のときから思ってたけど、あなたはちょっと調子に乗ってませんか？　何様のつもりですか？」みたいなメールが来て。

犬山　悪いところを指摘されたら、謝るんじゃなくて「アンタも悪いじゃん」で返すパターン！

瀧波　それに対してすぐに返事をするのもカッコ悪いと思って半日ぐらい放置したら「もう絶交しましょう」ってメールが来ました。

犬山　絶交きましたか！　激しいですね。彼女はたぶん、瀧波さんのことがうらやましかったんだと思います。

瀧波　私は私で彼女のことがうらやましかったんだよね。発表会で彼女を見たとき、上手ではなかったけどちょっとカッコいいな、きれいだなと思ってマウンティングしちゃったし。そんなわけで、長期スパンのマウンティング合戦になってしまい、関係が崩壊したんです。

犬山　マウンティングって積み重なると行くところまでいっちゃうんですね。でも、この話を聞いて思い当たる節がある人はたくさんいると思うんです。「そういえば最近、あの人と疎遠になってるな」という方は思い返してみてください！

瀧波　もしかしたら、長期スパンのマウンティング合戦をしていたのかもしれませんよ？

マウンティングでうつに!?

犬山　瀧波さんの先ほどの話もそうですけど、自分の友達が抜きんでてくる様をみてマウンティングしてくる人っているんですね。「なんか、〇〇って変わっちゃったよね。以前までの〝らしさ〟がないというか」とか、応援しているそぶりで「そういうの、やめたほうがいいんじゃない?」とか言って上にいくのを阻止してくる。

瀧波　「らしさ」って何?(笑)。でもそのたとえ、すごくわかる。アドバイスしている側は、「調子に乗ってるこいつをちょっと押さえつけてやろう」→「これは相手のためになるいいことなんだ」→「ああ、いいことしたな」という思考回路だから。実はマウンティングする人って最初のうちは、ほとんどが無意識なんじゃないかと思っていて。無意識に続けているうちに気持ちよくなっている自分に気がついて、そこから意識的にやるようになる（笑）。

犬山 そうかも！

瀧波 過去の自分がそういう思考回路だったので、結婚することになったとき、そういうことは一切やめようと思った。以来、彼氏がいない同士でやっていたようなマウンティングはしなくなりました。彼氏がいない同士であれば、相手よりも自分がモテないとは思いたくないから、〝自分の方が上だ〟ということをアピールして自己確認したくなる。でも、いざ結婚することになったら、そういうことをやる理由がなくなるんだよね。

犬山 新しい友達に「ウチの旦那の方が稼ぎがある」マウンティングされたりはありそうだけど……。それにしても「しないようにしよう」と思って、脱却できるものですか？　私、今までつき合ってきた人にもれなくマウンティングしてるんです。自分が上で相手が下という環境を作ろう、作ろうとしてきた結果、つき合った人が全員精神的にダメージを受けてしまうとい

瀧波 う……。友達同士の場合も、彼氏相手の場合も、根っこにあるのはコンプレックスだと思うんですよ。

犬山 最終章にもつながる話ですけど、マウンティングを回避するには、まず自分のコンプレックスを解消しなければいけないってことですね。

瀧波 環境が変わって偶然そうなるのであれ、がんばって努力するのであれ、結局のところ自分が変わらないと。だからよく「結婚して丸くなった」とか言うけど、〝丸くなった＝コンプレックスから解放された〟ということじゃないかと思うんだよね。

犬山 丸くなったと言われて卑下《ひげ》する必要はないと。

マウンティングはいじめの入り口？

犬山 マウンティングは無意識に始まることが多いという話でしたが、「いじり」と「いじめ」と「マウンティング」の境界ってあるんでしょうか。やっぱりグラデーションで続いているんですかね？

瀧波　仲良し風の関係を続けたい人が、仲良しでありつつ上下関係を作り出したいときにするのがマウンティング。いじりはマウンティングによってできた立ち位置の差を利用して、マウンティングする側が楽しむ行為かな。いじりはマウンティングよりキツめだけど、されてる方は笑って許せるぐらいのイメージ。いじめになると、相手が不快に思おうが、泣こうが、わめこうが、死のうが関係なくとことんやる感じ。うーん、やっぱり区分けするのはむずかしいね。

犬山　ナチュラルないじめの入り口がマウンティング？　〝マウンティング↓いじり↓いじめ〟みたいなイメージ？

瀧波　そんな感じ。マウンティングではっきり上下がついてしまったら、いじりの段階に移行する。昔、女子同士で話しているときは仲良く話せるのに、その場に男子が混じった途端、私をいじってくる女の子がいましたね。最初のうちは「二人のときは仲良しなのにな〜」なんて呑気に構えていたんだけど、私が怒らないでいると次々にまわりの男子まで私をいじりだすという悪循環。「男の前で女として扱われる存在は私で、あんたは芸人だ」みたいな感じだったんでしょう（笑）。

犬山　同じようなことがありましたよ。彼氏がいない時期にある人と餃子屋に行ったんです。「彼氏がいなくて辛い」みたいな話をしたら、「本当におまえはモテないな」「結婚相談所でも、お前みたいな三十路《みそじ》は相手してくれる人がグッと減るから（笑）」って、人を非モテキャラに仕立て上げてバンバンいじってくる。私もそれに乗って、おどけてたんですけど、心の中では「そんなこととっっっっっくに知ってるわ‼」って（笑）。それ以来、その人には会わないようにしています。

瀧波　こっちがおどければおどけるほど、向こうは気持ちよくなっていく。癪《しゃく》だよね。

犬山　癪！　ツイッターとかでも、「お前、衣装、きばりすぎじゃね？（半笑）」っていじってくるし！

瀧波　お金がもらえるなら、世界で一番美しくおどけてみせますけど（笑）。

犬山　おいしいって思えなかったり、「ちょっと最近いじられすぎ？」と思ったら、おどけない方が得策！「職場の関係で、どうしてもおどけていないと角が立つ」みたいな特殊ケースがあるなら別ですが。

瀧波　そんなに知らない同士が話してるうちに、おとなしそうな子が実は毒舌だとわかって、盛りあがる瞬間ってあるじゃないですか。それを毎回、味わいたくて、「今日の飲み会ではこの子をいじれそう」と思ったら、ついついふっかけてしまうなんてことはあるんですけどね。

犬山　自ら演じるキャラはいいとして、〝キャラづけ〟っていろんなコミュニティで暴力的に行われてますよね。「おまえ、エロキャラなんだからエロい話しろよ〜」

瀧波 毎回、求められるとたしかにキツい。特定のメンバーのなかではエロキャラでよくても、そのキャラでいたくない場もあるから。帰りの電車の中で、「今日はみんなが私のことをいじって盛りあがってくれたなあ。だけど、なんか私、楽しくない……」みたいな。キャラの押しつけからも、マウンティングは始まるんだね。

犬山 「私がなんでこんな道化を？」って疑問からくるヒリヒリ感たるや！ でもこれ、みんなが道化になるなら楽しい飲み会になるんですよね。自ら進んでなるキャラと、押しつけられるキャラは全然違うってことです。

マウンティングから強要へ

瀧波 マウンティングの一手法として、「世間」とか「常識」をチラつかせて相手に自分の言うことをきかせる手口があるじゃないですか。「そういうことすると、不快に思う人がいるからやめなよ」みたいな感じで楽しい気持ちに水を差す。

犬山　「あなたのためを思って」「世間一般の意見ですよ」と装いつつ、自分が言いたいことを前面に出す。

瀧波　以前、カウンセラー体質のCちゃんって子に別の友達Dちゃんを紹介して、三人で遊んだんです。そのとき、Dちゃんが「Cちゃんってかっこいい！お姉さんみたい」って尊敬のまなざしを向け始めた。Cちゃんもまんざらでもないようで、「かっこいい私みたいになるために、いろいろ教えてあげるよ」ということになり、Dちゃんに宿題を出し始めたんです。『情熱大陸』を観て、何を感じたかをブログにアップしなさい」って。

犬山　はあ？　宿題出されちゃった（笑）。

瀧波　『情熱大陸』はいい番組だから、それを観て感じたことを自分なりに整理して文章化してみて。絶対にあなたのためになるから！」って。Dちゃんも律儀なもので、初めのうちはブログに感想をあげてたんだけど、だんだん書かなくなっちゃって。すると「書け！」と指導が入るのが苦痛だったようで、徐々にCちゃんからのアプローチに応答しなくなっていって。あるとき、CちゃんがDちゃんのメールの返事を待っているときに、Dちゃんが指令内容とは全然関係ない普通の日記をSNSにアップした。そしたらCちゃん、「私はあなたからのメールを待っているのに、なんで日記をアップしてるの⁉ そんなことをするヒマがあったら、メールの返事を出すべきじゃないの？ そんな常識も知らない人は誰からも好かれない！」って訴えてきたらしくて。

犬山 もはやマウンティングを超えて、「お前は私のもの」感覚ですね。言うこと聞いて当たり前、みたいな。

瀧波 今って、締め切りに追われている人がツイッターでポロッと呟いても、「ツイッターなんかしないで仕事しろ！」とは言っちゃいけない雰囲気がやっとできつつあるじゃないですか。

犬山　ありがたい時代ですよ（笑）。

瀧波　その頃はツイッターもフェイスブックもなかったから、ネットのお作法というか暗黙のルールが確立してなかったんです。ちょっと興味が湧いて、まわりの人に「メールの返事を待っている人がいるのに、ミクシィに日記をアップするってどう思う？」って聞いてみたら、けっこう、意見が割れたんだよね。

犬山　ちょっと意外。

瀧波　〝フィフティーフィフティーに意見が割れる線〟をギリギリ狙ってくるのが上級マウンティスト。特にCちゃんの場合は最初からカウンセラーと教えを乞う人みたいな関係性を作り上げているから何でも言えちゃうっていう。

犬山　マウンティングって、いきすぎると独占・強要につながるんですね。それでDちゃんが Cちゃんの言うことを聞き続けたら、それこそマインドコントロール……（震）。

瀧波 そこで思い出すのが尼崎《あまがさき》連続殺人事件の角田《すみだ》美代子。あの事件に対する世間一般の受け取り方は、「あれだけ大勢の大人がいて、なぜ一人の女にしてやられたのかわからない」という感じだったけど、あの人もやっぱりマウンティストだと思うんです。相手を自分の支配下におくことも、それを長期間続けられることにかけても天才的だった。

犬山 コワっ！　そんな話を聞くと、「絶対にマウンティングしないようにしよう！」って思います。

[チェックシート]

あなたのマウンティスト度をセルフチェック

- □ 女子会前はついついメイクや洋服で武装してしまう
- □ 自分は対抗心が強い方だと思う
- □ まわりの人を自分色に染めたい願望がある
- □ 自分の立ち位置を常に「損か、得か」で考えている
- □ スクールカーストを引きずるあまり、常にグループ内のヒエラルキーを気にしてしまう
- □ 「逆に」「あえて言うけど」「いい意味で」のうちどれかひとつが口ぐせだ
- □ メールを一日放置されたら、二日放置しかえす
- □ 旅行やイベントに行っている最中、頭の片隅で「ブログやSNSにどうあげようか」を考えている自分がいる
- □ 「あなたのため」と言いながら、自分の知識を披露したい自分がいる
- □ 自分のまわりにいる人を、相手が求めていないのについキャラづけしてしまう
- □ 相手に自慢話をされると、自分もそれに対抗するネタをぶつけたくなってしまう
- □ 人のプライベートを根掘り葉掘り聞いたうえ、その回答にコメントをつけてしまう
- □ みんなで写真に写るときは当然、小顔ポジションを取る
- □ 自分が享受しているメリットをデメリット風に話すことがイマドキの処世術だと思う
- □ 友人が引っ越したと聞くと、まずエリアと家賃をワンセットにして聞いてしまう
- □ 友人の彼氏の顔や年収が気になって仕方がない
- □ いつのまにか仮想敵と戦っている自分に気づき、ハッとすることがある
- □ 友人にいいことがあったとき、素直に「おめでとう」と言えない
- □ 友人に頼まれてもいないのに、「こうしたほうがいいよ」とメイクを施したことがある
- □ 女子会のあとに「一言多かったなあ」と反省することが多い
- □ 自分が友人に贈った物を使ってくれているかどうか、会うたびに確認してしまう

あなたのマウンティスト度

0	聖人
1〜4	初心者マウンティスト
5〜9	アマチュアマウンティスト
10〜14	プロマウンティスト
15〜19	真正マウンティスト
20	マウンティングモンスター

第四章

マウンティングの「攻め」と「受け」——その関係と傾向

ケース① 同スペック女子

瀧波　マウンティングは、一方通行よりも双方向で行われることが多いという話がでたよね。だからこの章では、攻めと受けの関係性について話したいなと思って。

犬山　一つ一つ見ていきましょう。

瀧波　まずは同じ職場とか、同窓生とか、彼氏いない同士とかの〝同スペック女子〟のマウンティングから。このケースは、細かいつつきあいになる気がするんですよね。

犬山　彼氏いない同士は女友達の大切さがしみるときなのに、やっぱり生まれるんですよね……。「私の方がまだモテてる」とか「給料は私の方が良いし」とか……。

瀧波　どんなときでも「自分の方がレベルが高い」って思いたいから、相手が同じ状況から先に抜けていくことが恐いんですよね。以前、彼氏がいない同士の友達と待ちあわせしたとき、ひと目会うなり「髪の毛すごく傷《いた》んでるね」って言われたことがあって。

犬山 「久しぶり!」とか「待った?」じゃなく!?

瀧波 いきなりそれ? みたいな。だけどこっちは「仲がいいからズケズケ言ってくるのかな」って思おうとするじゃないですか。だけど、何だかモヤモヤした気持ちになるし、開口一番のその発言って何かしらの意図があるんじゃないかと思ってしまう。

犬山 「太った?」とか「疲れてる?」とかもそうですよね。

瀧波 何なんだろうね、あれは。「色が白くていいよね」って言うだけだったら純粋に楽しい会話になるのに、「あんまり白すぎると年取ったときに大変らしいよね」みたいなマイナス情報をちらりと入れてきたりする。同スペック同士のマウンティングって、開口《かいこう》一番なことが多いんだよね。

犬山 相手が油断しているところに浴びせる先制パンチみたいなものなんですかね。

瀧波 相手の行動を否定するマウンティングもあるよ。たとえば、「彼氏も欲しいし、腹をくって合コンにいっぱい出ようかな」って一歩踏み出そうとしている友達に、「合コンで知りあう男なんて大したことないよ～」。

犬山 相手を自分より上に行かせないようにするマウンティングの第一段階〝引きずり込み〟ですね。この場合は彼氏を作る場に行かせないという。

瀧波 「あなたは無知だから知らないようだけど、悪いことは言わないから私のアドバイスを聞いておいたほうがいいのよ」アピールでもある。

犬山 私の方が人生経験豊富ですよ、みたいな。既婚・子持ち同士だと、どんなマウンティングが多いですか？

瀧波 あえていうなら夫の話ですかね。たとえば、「うちのダンナ、仕事ばっかで全然家に帰ってこないの。いいなあ、○○ちゃんのダンナさんは家のこともやってくれる人で。うちのは稼ぐだけがとりえだから！」とか。

瀧波　一番最後にその一言を持ってくるか〜。

犬山　相手を少しうらやましがっておいて、最後にそういう言葉をちょこっと入れる。そう言われるとこちらはつい、「お金が入ってくるからいいじゃん！」みたいなことを返さざるをえない。

瀧波　最初にうらやましがられてしまうと、こっちは応援せざるをえないからなあ。子どもに関するマウンティングはどうですか？　知りあいは、「自分は相手の子どもを『かわいいね』ってホメるのに、ママ友のAさんはウチの子に一度もかわいいと言ってくれないんだ〜」って言ってました。そこにはどんな感情があるのかな？　と。

犬山　えー、なんだろう⁉

瀧波　〝あかちゃんを見たら、かわいいと言わなきゃいけない〟みたいな圧力もどうかと思うんですけど、それにしたってかたくなだなぁって。ただ、お相手はフランスで一年間あかちゃんを育てて帰ってきた人だから、フランス製のおもちゃや洋服を取りよせては、「これいいよ」みたいなかんじでいろんなものをくれるみたいです。

瀧波　「こちらは常に褒められる存在です」みたいな雰囲気に持っていってるのかもしれない。先にチラッと話したけど、子持ち同士だと「腹の見せあい」になることの方が圧倒的に多いから。たとえば、「うちの子、おむつ取れるのが遅くて」「うちの方がもっと遅かったよ〜」とかね。とりあえず、子どもの話に関しては、こっちが上という態度に出ないのが無難なんですよ（笑）。

マウンティングシミュレーション

同スペック女子

雑誌編集者［瀧波］

メーカーOL［犬山］

＊同じ大学出身で二人とも彼氏アリ

なんか私、『ちくまJJ』の編集になったじゃん？

あ〜、そうだよね〜。

毎日撮影でホント寝る時間もないっていうか。芸能人の顔も見飽きちゃって、もうイイって感じ〜。❶

え〜♡　刺激があっていいな〜。出版業界って最近、すっごく落ち込んでるって聞くから心配してたんだよ〜！①

まあ、肩たたき的なものはあるよねえ。

❶**「自慢の季節はとうに過ぎました」**という雰囲気で自分が次のステージにいることをアピール。

①**心配ってつけたら何でも言っていい**　心配してるというワードを隠れ蓑にし、相手の職業をけなす。

いろんな意味でスリル満点だね〜。

まあ世間的には出版業界って一括りにして語られてるけど、出版社も内部にいると大丈夫な所は大丈夫っていうのが見えてくる❷っていうか〜。それに、すっごくありがたいことに今、スタイリストの○○さんとかカメラマンの××さんに可愛がってもらってるんだよね〜。ホント出会いがなければここまで来れなかった❸と思う――これ、実力じゃないから♡

そういう職種の人に興味ないからわからないや〜（笑）②。勉強不足でゴメンね。まあでもさ、その人たちも所詮、人気商売なワケじゃん？　保証がない世界ってしんどそうだよね〜。

人気商売とか言いだすと、どんな商売にもあてはまる部分はあるわけで。私、紙子とつきあい長いから言うけど、❹そういう考え方ってよくないよ。最近はだいぶ良くなってきてるとは思うけど♡

❷情報通型パターン

❸おかげです相撲
他人のふんどしを持ち「○○さんのおかげで〜」と言いながら相撲をとる。

②著名人封じ
相手が仲良しと名前を出した著名人を知らない！ということで立場が上に！

❹親友型パターン
親友だからあえて言います！と誠意を装う。「私にはすべてお見通し」感も出してくる。

あ〜、私、昔からそういうところがあるかも。ユカリは『ちくまJJ』の編集者になってから変わった気がするんだよね。前のイイ意味での純朴さが失われてきたというか……それが業界慣れするってことなのかな？　でも「ユカリらしさ」を忘れてほしくないんだよね。③

揉まれて初めてわかるってこと、あると思うんだよね。私はそれを成長だと思うんだけど、紙子にはそう見られちゃうのかなあ。❺理解してもらえないのって、なんか寂しいよね（フッ）。

（劣勢だと悟り）ところで彼とはうまくいってるの？④

え、なんでそんなこと聞くの？❻

最近ユカリ、「忙しい、忙しい」って言ってるじゃん。彼と全然会えてないんじゃないかなあと思って。

まあ、そういう業界で働いているからね……でも、彼はそれ

③**らしさ呪縛**
「〇〇らしさを大切に」というフワッとした言葉で、相手の変化を批判。

❺**「あなたは私を理解していない」**と表明することで、批判を無効化。

④自分が負けていると感じたら勝てる話題にシフト。

❻質問の理由を聞き、相手の腹を探る。非常に汎用性の高い技。

をすっごく理解してくれてるの！❼　紙子はいつでも彼に会えてうらやましいな。

そういう風に「理解しあってる」ってカップルが、結局、すれ違いで別れてるんだよね。私からのアドバイスは……。⑤

（さえぎるように）私たち、そういうの超えてるから！❽

❼彼の人格アピールではなく「**男からすごく理解されている私**」という自分の価値の高さをアピール。

⑤**求められていないアドバイス**
アドバイスをする側に無理やり回ってカウンセラー型にシフトチェンジ。

❽**アドバイスブロック**
攻撃させないことが最大の防御。

ケース② 肉食女子×草食女子

犬山 〝肉食女子と草食女子〟って言葉も浸透しつくしたから、人によって思い描くイメージが違ってきている気がするんです。瀧波さんが考える両者の定義ってどんなかんじですか？

瀧波 一言で言うのはむずかしいんだけど、自分がモテることをアピールしたいのが肉食で、そんなこと思っていないのが草食かな。

犬山 仕事関係で恋愛絡みのコメントを出すようになってから、「私って、恋愛に関してアドバイスできる人なの⁉」と思いあがってしまった時期があって。草食女子に好きな人がいると聞けば、「なるほどなるほど。だったら、こういうテクを使ったらいいよ」みたいなクソバイスをしてました。私ってホントに……。

（気をとりなおして）逆に、草食女子が肉食女子をマウンティングすることもありますよね。まずは「あの子たちってブログにご飯の写真しか載せてないでしょ」「モテテクのことばっかり考えてる（笑）」って決めつけて、「文化的には私たちの方が高尚ですよ」と言いたいがために、〝スイーツ〟ってレッテルを貼ってバカにする風潮とか。

瀧波 ネット上だけだよね。されたマウンティングの鬱憤を晴らしているなら、思う存分晴らしてくださいって感じだけど、肉食女子にはダメージ少なそう。

犬山 面と向かってやりかえせないからネットに書き込むしかないってことか……。もしくは陰口。「ヤリマン」「ビッチ」というワードを駆使しつつ、自分の方が悪くならないように「怖い」と言って自分のピュアさもアピるマウンティングです。ただ、これがエスカレートして妙な噂を流したりまでいくと問題。実は、されたことがあるんですよ。

瀧波 それはもはや嫌がらせだよ！　具体的にはどんなことをされたの？

犬山――「コネ」「枕」って噂を流されることが二十代前半から今に到るまでよくあります。デタラメな噂流しといて「怖い」だの「私のポリシーに反する」だのマウンティングをくっつけて……。で、こういう陰口を、私に悪意のある人は信じるという……。

瀧波〰〰やっかみ！　だけど、笑いながら否定するのがむずかしいマウンティングだなあ。そういうやっかみへの対抗策としてなのか、非リアぶるリア充もでてきたよね。本当は肉食なのに、「私、アニメも好きなんでー」とか適度な腹見せをして、草食を安心させようという。

ここに、女としての価値がもっとも大事と考える女の子たちがいたとしますよね。彼氏がいて、髪を今風に巻いて、キレイにメイクすることに命をかけてる二十代女子。そんな人たちが四人ぐらいいたら、私、恐くて縮みあがっちゃうと思う。それこそ、部屋に入った瞬間、「はい、いまから瀧波さんにダメ出しする会議――！」なんて言われそうで（笑）。

犬山 ひー！

瀧波 そんなとき、その四人にはちょっとオタクなところがあるという事前情報を入手していれば、「美がもっとも大事な人たちじゃないんだ」と思って安心するもんね。

犬山 私もファッションとかきばっている方なので、ゲームやマンガが好きなことは必要以上にアピールしちゃいます。

瀧波 「おしゃれレイプしませんよ〜」

犬山 「おいで、おいで。私オタクだよ〜」っておびきだしておいて、結局おしゃれレイプするっていう。って私、食虫植物みたいじゃないですか！

（笑）肉食×草食となると、シモ系の話も外せませんよね。

瀧波 たとえば？

犬山 主にテクニック的なことだったりとか。あと、シモ系の話でいくと肉食の自称名器って多くないですか？

名器アピール

©犬山紙子

瀧波 〜〜ネットの住人の話というか、リアルな友達の中にはいないかなあ。名器自慢ってされます?

犬山 されますねえ。先日もアラフォー女性にされたとこ。で、そのソースが「セフレがそう言ってた」だったりして。本当にそうかもしれないけど、「名器だ」って褒めていい気分にさせて、何回もヤろうって男の魂胆かもしれないし。で、その後テクニック講座が始まったりして……。だけど、自慢されたところで

「ああそうなんだ」としか言いようがない（笑）。

瀧波 胸の大きさの場合、勝敗は一目瞭然だけど、名器の場合は基本、言ったもん勝ちの世界だからねえ。

犬山 最初のうちは、「すごい！　○○ちゃんは名器なんだ！」とストレートに受け取ったもんです。自分と比べちゃったりして。

瀧波 自分が名器かどうか考えたこともなかったと気づいた時点で、相手が上に見えてしまうというワナ。そのときはおとなしく聞いてたの？

犬山 そうですね。本当の可能性もあるし……。

瀧波 そこで仕返ししてもね。それに、単なる自慢の段階であれば、マウンティングまでいってないと思うよ。「私は名器だから、相手がすぐイッちゃってセックスがつまんない。だから、名器なんかじゃない方がいいよ〜」までいくとマウンティング。自称名器の人に犬山さんが「私は全然そんなこと言われないよ」と言ったとして、「いや、それぐらいの方がいいよ〜」

って返してくるとか。

犬山　（爆笑）わー、それはマウンティングだ！　ぐうの音も出ない。

瀧波　「私とだったら男は一分ももたないから全然楽しくなくって。普通が一番だよ！」みたいな。それでこっちは「あなたは名器じゃないです」みたいな烙印《らくいん》をドーンと押されたようなものだから。事実はすべて闇の中なのに（笑）。

マウンティングシミュレーション

肉食女子×草食女子

肉食女子（モテをアピールしたい）［瀧波］

自称・草食女子（モテたいとは思っていない）［犬山］

＊ここは都内のとあるバー

このお店いい感じでしょ～？　前にモデルの○○くんが教えてくれたんだ～。❶

う、うん。ユカリ好きそうだね。ユカリみたいに露出してる人が多いから、見てて楽しいかも……。①

私くらいになると、男の腰のくびれ具合でアソコのレベルも❷

❶芸能人の友達がいる私アピール。このセリフが言えたのでここに来た目的の9割は果たされた。

①否定をせずに、自分が上に立つためのちょっと俯瞰アピール。

な〜んとなくわかっちゃったりするんだよね〜。

シーッ！　ちょっと！　声大きいよっ!?　周りの迷惑になっちゃう！②　そういうこと話すなら個室にしておけばよかったね〜。

だ〜いじょうぶだって！　フフ〜ン（鼻歌まじりに酒のメニューを眺める）あ、そうそれで〜、モデルの○○くんも思ったとおりのアソコだったんだ〜。

え？　○○くんとそういう関係なの？　あれ、付き合ってないって言ってなかったっけ？③

付き合ってなくたって、アソコは見れるじゃん？❸（ドヤ顔）

……そっか、人それぞれだもんね。私は好きじゃない男のアソコなんて金もらってでも見たくないけど。

えー、だってモデルの○○くんだよ？　イッとけーってなるでしょ!?　192センチだし。あ、身長ね。すみませ〜ん、

❷経験豊富アピールは常に忘れない。「**あなたと一緒の時には空気なんて読まない**」というアピールも兼ねている。

②突然の下ネタぶっこみには、常識で対抗。相手を素に戻すことに成功したら勝ったも同然。

③付き合ってないと知っててわざと「**私はビッチです**」**と言わせる誘い水**。ただし、相手がむしろビッチアピールをするタイプなので効力は弱い。この効力は男の前で一番発揮する。

❸**エロ名言で一気に上に立つ！**

セックス・オン・ザ・ビーチ（注：ウォッカベースのカクテル名）を強めで〜。（店員に無駄に色気を振りまきながら）あのボーイさん、かっこいいでしょ？　紙子とお似合いだと思うんだよね〜。❹

えっ!?（イケメンすぎて私なんか絶対相手にしない人じゃん……）でも、あのボーイさんもこの店で働いてるってことはチャラいんでしょ？　私チャラいのはちょっと……。ユカリはいいなあ、ストライクゾーンが広くて。④

「チャラいのはちょっと」なんて言ってるから紙子に寄ってくる男はなんかジトッとした感じの人ばっかりなんだよ〜。前の彼なんて「陰干しクン」❺って呼ばれてたじゃん、って呼んでたの私だけど。あ、じゃあちょっとさっきのボーイさんにお水もらってきてよ〜！　ホラホラ行ってきてっ！　きっかけ、きっかけ！

❹**「あなたの相手を選ぶのはあなたじゃなくて私」**の意。

④**「男だったらなんでもいいんでしょ」**の意。

❺人の彼氏への名付けという越権行為もお手のもの。

ちょっとやめてっ。ユカリは良くも悪くも強引だよ〜！　それに、私の元カレは確かに陰気くさかったけど、そこがよかったんだよね。文学好きにはわかる色気が出てたんだよね〜。⑤

あー、昔の自分を見てるみたい。懐かしいな〜。

あ、陰干しクンのセックスってどうだったんだっけ？

別に普通だよ。彼と私の秘密だからあんまり言いたくないな。

紙子と私の仲じゃん！　いーじゃん。もう終わったことだし。

それ話すか、ボーイさんと話すか、ふたつにひとつ選んで！❻

私のセックス話なんて普通でつまんないからさ、それより色んなことしてそうなユカリの話を聞きたいな〜。

んー、私はねえ、そんなに楽しめないんだよ。相手がすぐにイッちゃうから……。

毎回、早漏なの？　お気の毒に……。

え!?　やだ、紙子わかんない？　私の方だよ。私がさぁ……。

⑤「彼の魅力は高尚なので理解できなかったのかな〜？」の意。

❻選択肢を増やしてやったかのように装っているが強制力はアップしている。

（遮って）えっ？　何？　わかんない。

そっかぁ。紙子にはまだわかんないかぁ。私、どうやら普通より締まりがいいらしいんだよね。だから、良すぎて長く続けられないんだって。別にがんばって締めあげてるわけじゃないんだけど～。損な体質で嫌になっちゃう。❼

（クッ確かめようがない……）ユカリすごいね～。だから体目当ての男ばっかよってくるんだ～。

普通の体だったら紙子みたいに悩みなく生きられたのかなぁ～。でも狙われるだけの体を持ってるって素晴らしいことだよってこの前、本命の彼氏に言ってもらって、それからは誇りに思ってる。紙子は自分の何が誇り？

私は身もちの堅さかな。自分のことをちゃんと大切にできないと、他人のことも大切にできないし、されないいんじゃん？　そーいえばユカリ、彼氏の浮気問題解決したの～？　なんで

❼「これは優れた女だけが持つ悩みで、**あなたにはわかりっこないのよ**」の意。

も相談に乗るよ？⑥

⑥本命の彼氏との純愛をアピールしてきたのを**一気に潰してフィニッシュ**。相談に乗るよ？ でなぜかイイ奴風にコーティング。

ケース③　楽しみ上手女子×楽しみ下手女子

瀧波　バックパッカー経験のある楽しみ上手な女子が、「あの経験があって、視野が広がったんだよね」みたいな発言をするマウンティングもよくありますよね。なのでこの章では、〝楽しみ上手女子×楽しみ下手女子〟を考えてみませんか？　私もこれは経験があって、旅行に行ったり、遊びに行ってる最中、すでにそれを誰かに話している光景を思い浮かべたりしてる（笑）。

犬山　私も自分がブログを更新しているところまで想像しながら遊んでますね。

瀧波　最近、フェイスブックに旅行に行った写真や食べ物の写真を載せることをカッコ悪いとみなす風潮があるけど、その時点ではまだマウンティングじゃないと思うんです。でも、それをムラムラッとやりたくなる気持ちはマウンティングに通じている気がする。

犬山　そういうのを見るのがイヤで、フェイスブックをやめる人も多いですよね。単純に「どこどこに行きました」という報告だけならマウンティングされてる感はないんだけど、社交辞令で「いいな〜」とかコメントくれた友人にコメントでマウンティングしてるのを見ると、「あああっ」って思います。

瀧波　まあ、「私は人生を楽しんでいます」って世界中に訴えたい気持ちは誰にでもあると思う（笑）。

犬山　めちゃありますよ。やっぱり何かしら仕事が欲しいので、ブログにイラストエッセイを書いていたんですが、そうするうちに遊びに行ったとか、食事に行ったって普通の記事をブログに書けなくなっちゃった。それじゃあ見てもらえないって。それで、自己顕示欲を満たすためだけの専用ブログを新たに立ち上げたんです。やっぱり「こんなおしゃれなお店に行ったよ」って言いたいじゃないですか。

瀧波　マスターベーション的に書いて、その都度すっきり。それでマウンティングをしなくて済むんだったらいいんじゃないかな？

犬山　もしかして、ブログってマウンティングを回避する実践的な解決法になりえます⁉　ＳＮＳだと人と人とのつながりが濃いけど、ブログだと吐きだして終わりなので。

瀧波　ブログで理想の自分を演出して発信することで、よそでマウンティングをする気が失せるならだれのことも傷つけないし、いいかも！　あとからイヤになったら消せるし。ただ、楽しみ上手な人はそういう発散ができるけど、楽しみ下手の人が楽しみ上手な人に感じているモヤモヤした気持ちは発散できないよね。

犬山　そうですね……。

瀧波　あー！　楽しみ上手女子に自分がやってしまったマウンティングを思い出した！　大学を卒業してすぐの頃、フリーターをやってたんです。一方の友達は一度就職をしたのにすぐ辞めて、貯めていたお金でいろんな所に旅行に行っていて。それからしばらくして、「私もそろそろマジメに働かなきゃなあ」と思っていたタイミングで、またその子が旅に出ると言い出したとき、あろうことかその子に電話をかけて、「いまそんなことしてて、十年後は大丈夫？」。

犬山 これから楽しい旅行に出かけようとしている人に！

瀧波 「年々、就職しづらくなるって言うよ」

犬山 「あなたのためを思って言ってるのよ」ってヤツですね。

瀧波 その子は就職してもちゃんとやっていく人だろうということがわかっていたから、ちょっと焦らせたくなってしまって。「そんなことしてなんの役に立つの？」っていうのは、典型的なマウンティングワードだよね。

犬山 私、ゲームが好きなんですけど、ゲームもよく、そういう槍玉《やりだま》にあがるんですよ。

瀧波　あるある！

犬山　「ゲームやってる時間って本当にムダ」とか、「俺も昔はやってたけどもうやめた」とか、何度もやられてます。「それなら映画を観るのも、本を読むのも一緒だろうが！」って思うんですけど、どうも〝映画や本は高尚でゲームからは何も得るものがない〟というイメージが浸透しているようで。

瀧波　「前は自分もやっていたけど、その愚かさに気づいてやめた。あなたはまだそれに気づいていない」というスタンス。これ、禁煙に成功した人にもいますよね。

あとマウンティストの傾向のある人が食べ物にこだわりだすと、かなりモンスター化する場合があると思う。「あなたたちはまだ、肉食の恐ろしさをわかっていない！　なんて愚かな‼」みたいな。

犬山　押しつけてこなければ人畜無害なんだけど、そういう人のせいであまりいいイメージがないですね。そうじゃない人を「無知なバカ」と見下したり。

食べ物に関しては、妊婦さんもまわりからいろんなことを言われるって聞きますけど。

瀧波 笑顔で「妊娠するといろんなものが食べられなくなるから大変だね」って言われたりね。「大変だね」って言ってるのは口先だけで、そこに「いろんなことができなくてお気の毒」ってニュアンスが込められているのが伝わってくる。

犬山 本当に親切な人とそうじゃない人のは敏感に察知しそう。妊婦さんのストレスはハンパないでしょうね。私はフェスも行かないし、とにかく外で遊びたくない超インドア派なので、どちらかというと楽しみ下手だと思うんです。一方の外で健康的に遊んでいる女の子って、可愛い子が多いし、実際にモテたりする。それをうらやましいと思う気持ちもあって、好きな男の子と話していて「俺はみんなでバーベキューとかするの好きなんだよ」なんて言われると、「一緒にアウトドアで遊んでくれる女の子、今はいい

かもしれないけど紫外線って肌に悪いから、何年かしたらシミだらけにな
っちゃうかもよ」とか言って、アウトドア好き女子の印象を落とそうとし
た過去があります。

瀧波 それは成功したの？

犬山 いや、まったくです（笑）。

瀧波 それ、マウントポジションとれてないよ～。以前『臨死!!江古田ちゃん』
に「会社を立ち上げるからバイトを辞める」って言った子に対して、「え
ーっ、こんな時代にそれに踏み切るなんて本当にすごいよね。起業って八
割は失敗するらしいけど、○○ちゃんなら大丈夫！」って返すネタを描い
たんだけど、これぐらい言わなきゃ（笑）。

犬山 私のマウンティングは雑なんですね。最後の「○○ちゃんなら大丈夫！」
がキモだけど、そこまでできてない（笑）。

瀧波 一見、無神経だとは思われないようにヴェールに包むのがプロのマウンテ

イストですよ（笑）。

犬山 しかも笑顔で（笑）。そのヴェールから、「失敗しろ」って念が透けて見えます……。

瀧波 自分の人生が誰かより劣っていると思うのは恐いこと。私が会社を辞めて旅行に行く子に電話したのもそうだけど、やっぱりその子のことがうらやましかったんだよね。

犬山 普通の人生を送っている人からすれば、ちょっとドロップアウトした人のことがうらやましく思えたりするんだけど、ドロップアウトした側からすると真っ当な人たちの社会的な保障や安定している幸せがめちゃくちゃうらやましかったりする。結局のところ、お互い様なんですよね。

マウンティングシミュレーション

楽しみ上手女子×楽しみ下手女子

無趣味な楽しみ下手女子［瀧波］

多趣味な楽しみ上手女子［犬山］

最近、プライベートはどんなかんじ？

なんか普通に❶『半沢直樹』とか観てた。

視聴率とかスゴかったみたいだよね。でも私、テレビ見る時間に意味を見いだせなくて……。①私は今、みんなでパーッとオカマの店に行くのにハマってるよ。

……（無言）❷

かわいいユカリには刺激が強すぎるかな（笑）。②でもユカリ

❶「なんか」「普通に」を使うことで「**そんな大したものではないとわかってます**」**感を出して防御**。これらを使っておくと「へ～『半沢直樹』が面白いと思っちゃうんだ～」などといったマウンティングを防ぐことができる。

①作品よりもテレビを見ること自体を攻撃。

❷マウンティング臭を察知

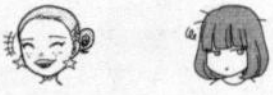

音楽は好きだったよね？　この間、友達と初めてフェスに行ったんだけど、野外で爆音を聴くのってすごく楽しいよ。ユカリも来年、サマソニかフジロック行こうよ。

虫とかいるって❸いうし。

そんなの虫よけスプレーすればいいんだよ。私も行く前は「虫とかイヤだな〜」って思ってた。でも行ったら行ったで、そんな些細なことはどうでもよくなるほど楽しいというか、なんでももっと早くフェスに行かなかったんだろう③っていうか。

日焼けも気になるし❸、私はあまり外に出なくてもいいかなって。

家の中もいいんだけど飽きない？　ずっと一人でいると、インプットもアウトプットもないわけじゃん。

でもほら、私あんまりお金を使いたくないんだよね。

も〜、そんなこと言ってないで、お金使って経済回していこ

し、そもそも食いつかないことで防御。

②これまで同様「**かわいい**」=「**お子ちゃま**」。

❸「日焼け」「虫」はフェスやBBQ最高☆アピールをブロックするのに非常に有効。

③気づきを得た私と気づきを得てないユカリ。

うよ〜。みんながお金使わないから不景気だっていうしさ。④
貯金とかするほうが好きなんだよね。
貯金も大事だけど、人と人との出会いだって貯金みたいなものだよ？ それってお金より大事だと思うんだ〜。

でも、このままいったら一人暮らし用のマンションくらい買えそうだから、それから遊んでも遅くないかなって。❹
わーっ！ マンションってすごいじゃんユカリ！ いいな〜。
でもさ、マンションを買ったら婚期が遅れるっていうじゃん。⑤ユカリは大丈夫と思うけど〜。

そんなに結婚を焦ってるわけじゃないし。❺
そっか〜。でも、結婚を考えていなくても、出会いがたくさんあればそのぶん、いい人にもいい友達にも巡りあえると思うんだ。ユカリも新しい一歩を踏み出したらさらに素敵になりそうだけど！⑥

④一般論を持ち出して自分の正しさをアピール。

❹**「マンション買えそう」**は具体的な貯蓄額を明かすことなく余裕をもし出すことができる魔法の言葉です。

⑤「婚期が遅れる」は致命的ダメージを与えやすい。

❺「したい」「したくない」ではなく**「焦ってない」**。精神ステージが高そうにきこえる便利な言葉。

⑥**プロデューサー型パターン**
私が素敵になるプロデュースしてあげるから！

外に出ればいいってもんじゃないし……。紙子みたいに広く浅くは苦手なんだよね。

広く浅くから、広く深くに進化している最中。ユカリはさ、狭く深くっていうか、一人だけの世界だよね。

一人だけの世界が好きだから、自分の城っていうか一人用マンション買っちゃうみたいな。ふふ、ダサいよね〜、私ダサいよね〜。❻だから、いろんなところを飛び回っている紙子はすごいと思うよ。私には真似できないな！❼

私は逆に一人の世界を突きつめるのは真似できないな。すごいなとは思うよ？　中島みゆきじゃないけど〝ひとり上手〟ってかんじ？　でも、この間、飲んでて知りあった金持ちの社長⑦が言ってたんだけど、マンションとか家とかって買った瞬間から価値が下がっていくんだってね。不良物件も多いらしいし。覚えておいて損はないかも！⑧

❻こう言っておくと「そんなことないスゴイよ！」としか返せない女子の習性を知りつくしているユカリ。

❼**「別に真似はしたくない」**というニュアンスを込めながら。

⑦サラッと金持ちの社長と知り合えるステージにいるアピール。

⑧**情報通型パターン**
相手の考えを否定しながら、有益な情報を教えてあげている私。

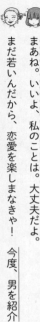

そういうこと言う人いるよね。だけど私は自分の決断で「買う」って決めたから。知りあいがあんまりいないぶん、人の言うことに振り回されないで済む❽メリットはあるんだよね。

ユカリの決断力すごいよね〜。でも自分の意見だけだと視野が狭くなっちゃわない？（何か言おうとする相手をさえぎって）ううん、ユカリの言いたいこともわかるよ？⑨ 私も人に流されて、何が正解かわからなくなることがあるから。だけど、そういう状態から抜け出せるきっかけも人からの助言だったりするんだよね。人との出会いにはマイナスの面もあればプラスの面もあって、トータルで見ると私的にはプラスなんだ〜。ところで恋愛方面は最近どうなの？　出会いはある？

まあね。いいよ、私のことは。大丈夫だよ。❾

まだ若いんだから、恋愛を楽しまなきゃ！　今度、男を紹介

❽**「人の言うことに振り回される」**という非常に恥ずかしいタイプの人間ではないことをアピール！

⑨相手に意見を言わせず勝手に理解を示して、会話の主導権を握る。

❾ **根掘り葉掘りブロック**
根も葉も掘らせない!!

しようか？⑩この間、フェスで知りあったんだけど。ほらほら、見てみて（写メを見せる）〇×くん。

（覗き込みながら）何かいけすかないかんじだね。

ハイ！　ユカリのNGポイントその1！　そうやって、見た目だけで判断しちゃうとこ〜。

チャラチャラしたのは苦手なんだよね。でも、そういう感じの人と楽しめる若さもいいなって思うよ。❿

（ぐぬぬ）いやでも、大人の知りあいもたくさんいるよ？

ねえ、紙子ももう大人なんだよ？⓫

ん？　ごめん！　電話かかってきた。⑪（電話に向かって）いま？　大丈夫、大丈夫。その日？　うん、うん。（電話を切って）もう、来週も予定がいっぱいだよ〜。

なんか肌荒れてるもんね。⓬

あ、でもこの間、エステで働いてる友達ができてさ。今度、

⑩イケてる男友達いっぱいいるアピール。

❿認めるテイでバカにする。

⓫急に正論をぶっこむ。カウンセラー型のパターン。

⑪グウの音も出ない時は電話かメールに避難。

⓬忙しぶる女子に対して非常に効果あり。しかしブーメランになるおそれあり。

半額券もらうことになってるんだ〜。半額、半額♪

最初は半額っていっておいて、後からコースを組まされたりすることがあるらしいじゃん。⓭

アハハ〜。それネットの情報でしょ〜。美容関係の友達から、その辺の情報もキチンと仕入れてる⑫から、そこは大丈夫だって。ユカリもやろうよ、ヒアルロン酸。

でも私、日焼けもしないし、夜もちゃんと寝てるから肌は全然大丈夫。

今は大丈夫かもしれないけど、そろそろアンチエイジングもはじめないと。

だから、日焼けしてないし。

そうだね〜。ユカリ、肌はキレイだよね。だけど、メイクが……たとえば、ほら、細眉にしてるじゃん？　今はちょっと太眉だったりするからさ、ちょっと前で止まっているという

⓭**他人のルンルン感をとにかく削ぐ**のは楽しみ下手のマウンティストの特徴です。

⑫ネット民よりリア充の方が偉いアピール。

か。一緒にメイクとかしてもらいに行かない？　絶対、可愛くなれるって〜。⑬

そもそも私、童顔だからさ、⓮ 化粧が似あわないんだよね。目も大きいから、子どもが化粧してるみたいになっちゃうというか。

わかる〜。たしかにユカリって童顔だよね。農場の娘⑭ってカンジで化粧のイメージないわ〜。いいな〜若く見えて。

肌とかもツルツルっとしてて、ファンデが浮いちゃうんだよ。紙子は大人顔だから羨ましいよ〜。⓯

そうなんだよ、私、派手顔だから。悪目立ちして困っちゃうんだよ〜。

なんかこの前、ヤリマン顔って言われてたよね。あれ、ヒドイと思った〜。⓰

（絶句）

⑬**プチおしゃれレイプ**
可愛くなれる＝今はさほど可愛くない。

⓮ウィークポイントであるかのように語るが、この場合はうらやましがらせるために使ってる。

⑭童顔アピールには「田舎臭さ」で刺す！

⓯肌自慢してスッキリしたので相手を持ち上げてバランスをとる。ただしムダに喜ばせたくはないので、相手がとりたてて誇っていないところをほめる。

⓰**言われていたよね戦法**
自分の言いたいことを他人が言ったという形をとってブチまける。最後に同情をふりまき悪意を脱臭。

それにしても、なんか最近の紙子は遊びにとり憑かれてる気がする。

人生一度きりなんだからさ、思い切り楽しむほうがいいじゃん。堅実すぎてもつまんないよ？　ユカリの楽しい瞬間ってなに？

⓱マンションのチラシ見て、「これ買える！」って思うときかな。

ああ、私にはわからないけど、そういう人もいるもんね。でもさ、買っちゃったらそれで燃え尽きちゃいそうで心配〜。

私は形に残ることが好きなの。パーッと遊ぶのもいいけど、ずっとお金を貯めてきて、自分だけの部屋を買うというのが今の一番の楽しみ。

でも所詮、物質だよ？⑮　病気になったときとかに助けてくれないよ？　やっぱり人と人とのつながりだよ。

⓱マウンティングツールとしてのマンションの万能さに注目。

⑮相手の一番楽しみにしていることを「**所詮**」でぶった斬り。

そんなときのために保険があるんだよ。紙子は生命保険入ってる？

うっ……。入ってないけど、まわりもみんな入ってないからいいし。

そっか〜。じゃあ、紙子の住む家がなくなって、⑱大変になったらウチにくればいいよ。待ってる、待ってる♡

そのときはお願いしようかな。ユカリが寂しくてしょうがないときは私が遊びにつれてくし、友達も紹介するよ。

そうだね。でも、私は今の生き方が気にいってるから。⑲

なんかユカリの話、お金の話ばっかだね。昔は違ったのに、⑯お金の亡者になっちゃったみたい……。

そうかな？　私は紙子みたいな奔放な生き方はできないし、話を聞いてるだけで十分だから。（ニッコリ）

⑱**呪《のろ》ウィルスそっと撒き戦法**
恐ろしい未来予想を呪いの言葉にしてそっと撒く。

⑲**「今の自分に満足してる」**というポーズは非常に有効なMB（マウンティングブロック）になる！

⑯こんなに今日の会話がすれ違ってるのはユカリが変わったせいという罪悪感を植えつけている。

ケース④　都会暮らし女子×田舎暮らし女子

犬山　これに関しても私はマウンティングしてたほうですね（笑）。

瀧波　もう驚きませんよ（笑）。

犬山　大学は仙台だったんですけど、東京にお姉ちゃんがいたので、夏休みを利用して一週間ぐらい東京に遊びに行くわけです。お姉ちゃんがおしゃれな人だったので、田舎の子だった私が一気に最先端の流行に触れることになった。その当時はカフェ全盛期で、「音楽はファンタスティック・プラスチック・マシーンを聴くのがおしゃれで、雑誌は『relax』がカッコよくて」なんて情報をゲットして。「おお、すごい！　カッコいい！」みたいなかんじでクラブにも行っちゃったりして。

瀧波　夏休みが終わったら背中に荷物をいっぱいしょって、「ステキな東京、持って帰りました！」（笑）。

犬山 そうそう、マウンティングの材料をいっぱい抱えて。

瀧波 「あなたより立場が上になるのはどの材料かな〜」

犬山 ウチの大学は田舎だったので基本クルマ通学。近所に住んでる友達がいて、いつもは「迎えに行くよ」なんて言わないんですけど、そういうときは「○時限目一緒だからクルマで迎えに行くよ」とか言って。当時はまだMDだったんですけど、クラブで聴いたDJのミックスを爆音でかけながら迎えに行ってましたね。その子を助手席に乗せて、超カッコつけてクラブミュージックをかけながら、田舎の道を走る、走る（笑）。

瀧波 走る東京だ！

犬山 さすがにその子も、「あれ？ こいつ何か醸《かも》しだしてるぞ」と思ったらしく、ちょっと気を遣ってくれるんですよ。「これ、なんて曲？」って。そうしたらもう止まらなくなって。

瀧波 「よくぞ、聞いてくれました！」

犬山 「いま、東京ではこういうのが流行ってて。○○はR&Bばっか聞いてるけどたまにはこういうのも良いでしょ？　今度、これ焼いてあげるから」

瀧波 向こうは欲しいなんて一言も言ってないのに。

犬山 そうなんです！　でも、こっちはマウンティングするためにわざわざクルマ出して迎えに行ってますからね。

瀧波 しかも、密室だから逃れられない（笑）。でも、ちょっとほほえましいエピソードだね。

犬山 これはけっこう読者の人もやりがちなマウンティングかも。

瀧波 隣に座っていた子がマウンティングし返してこなかったっていうのもいい話。いい子だな〜。

犬山 本当に優しい子で。それに比べ私はスネ夫まる出し（笑）。

瀧波 地元友達に関しては、「この子だったらマウンティングできる」っていうのがよくわかってるから。だけど、あまりに純粋過ぎる相手には何もできないよね？　お互いに悪意がなくともマウンティングっぽくなってしまうのが恐くて、ひたすら思い出話や「あの人はいま、何々をしている」なんて共通の知人の近況報告に徹してしまったり。うっかり、「昨日、クラブでさ〜」なんて言おうものなら、「こいつ、都会の匂いをチラつかせてるな」と思われそうで。

犬山　こういうマウンティングを回避するにはどうすればいいんでしょうね。

瀧波　必要以上に褒めて戦意を喪失させる！　っていっても、マウンティングする人は相手の戦略を見抜くからなあ……（笑）。犬山さんの著書『嫌われ女子50』（ベストセラーズ、二〇一三年）の対談でも話したけど、喫茶店でおばあちゃん同士が、「かりんとうって本当に美味しいわよね」「ほんとほんと」「なんとかっていうのが美味しいわよ」ってシンプルな会話を楽しそうにしていて。あの境地にいくことでしょうね。

犬山　そこに行くのはまだ先になりそうだな〜。いま、家の事情で仙台と東京を行ったり来たりしてるんですけど、人には「東京の方には二十日間いるんですけどね」ってことさら東京の方がウェイトが高いアピールをしちゃうことがあるんです。これ、自分の中に都会人と思われたい部分があるからなんでしょうね。逆に仙台の友達と遊ぶときは、「へぇ〜、仙台にもこんなおしゃれな店ができたんだ」って言っちゃったり。

瀧波 用例に使えるぐらい絶妙な言葉選び！

犬山 地元だから言っていいよね感を出しつつ、その後にさりげなく三宿の話をするという。イヤー！　思い出したら辛くなってきた！

都会暮らし女子×田舎暮らし女子

マウンティングシミュレーション

田舎暮らし女子［瀧波］
都会暮らし女子［犬山］

（携帯を見せながら）見て見て〜。この間、引っ越したんだけど、新しいウチってこんなかんじなんだよね。港区なんだけど①、やっぱりそんな大きな家には住めなくって〜。ユカリの家は広いから羨ましいな。

ウチは実家だからね。

いいよねえ、実家。黙って座ってれば料理も出てくるし。私はもっぱら近くのカフェでランチだよ〜②。

①わざわざ区名を言って家賃の高いところですよアピール。

②おしゃれな生活をしていることへの羨ましがり待ち。

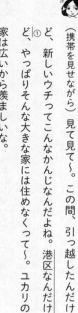

港区ってよくわからないんだけど、すごいとこなんでしょ？❶

知らない？　六本木とかあるあたりなんだけど。

あのザワザワした外人がいっぱいいるとこ？　怖〜い。❶

怖くないよ〜。買い物とかもヒルズでサクッとできるしね。

ユカリの好きなレアな調味料とかもすぐ調達できるよ？

へ〜、紙子の住んでる部屋って何部屋で家賃はどのぐらいなの？

ワンルームだけど十二万ぐらいかな。あのあたり、家賃高いから。

マジで〜、スゴイね。私の友達、地元の駅近に住んでるんだけど、新築2LDKで八万円だって。彼氏と住んでるんだけど、それでも高いって言ってて〜。❷

あははは！　田舎って何だかほほえましい〜い。③いいな〜。東京はさ、お店とか充実してるから、そういう便利代も含めて

❶これ（↑）を想定した上での誘い水

❷「**あなたよりお得に暮らしている人はいっぱいいます**」とにおわせて、相手のドヤ感を奪う。

③「**ほほえましい**」＝「**下々の者ども**」

の家賃なんだよね。

十二万円も払ってるんだ〜、やっぱり都会の家賃は高いなあ。

実家は家賃かからないもんね。

給料全部、自分のものにさせてもらっちゃってる〜。❸

私は自分に投資中だから〜④。映画も美術館もすぐ行けちゃうし。ユカリのとこだと、駅前の映画館でファミリー向けアニメ的なものしかやってないでしょ？ 映画とか観てる？ 私、映画がない暮らしとか考えられないからさ〜。

映画館か〜。実家広いからプロジェクターで観てるしなあ。それに、マイナーな作品が好きなわけじゃないから、すぐにDVDとかブルーレイになるでしょ？ 私、メジャーなヤツでいいの。❹

メジャーかあ。ユカリが好きなヤツってどんなのだったっけ？ 邦画の大作ってかんじ？

❸マンションと同じで、具体的な額は言わずに余裕のあることをアピールする技。

④家賃を払うことをバカにされる前に言い訳をしておく。

❹サブカルマウンティングを事前にブロック。

うん。でも、浅野忠信とか出てるヤツも観てるよ。

……。あ、ゴメン。今ユカリと私に大きな感覚のズレを感じちゃって……。

浅野忠信ってちょっとバカにされがちじゃん？　でも、一周❺まわって浅野忠信の筋肉だけ見たりするのもおもしろいよ。映画ってどんな楽しみ方をしてもいいと思うし。私はカジュアルなものとして楽しんでる。

そういえば前会ったプロデューサーさんが浅野忠信と友達⑤なんだよね。あの人、しゃべるとフランクらしいよ？　なんかわかるよね〜。

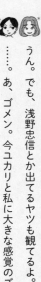

ふーん、ちょっとメニュー見ていい？（メニュー眺める）すみませーん！（店員を呼んで注文）❻なんかゴメンね〜、のど渇いちゃって。そうそう、家賃の話だっけ？　私、家賃は払ってないけど、留学しようと思ってそのぶんのお金を貯金して

❺これを言うだけで「**このポジションやものの見方をあえて選んでいる**」というニュアンスが出る。**便利ワード!!**

⑤相手が好きな人とつながっていることで、ファンよりも上の立場アピール。

❻**ぐうの音も出ない話題は華麗にスルー**。そして自分に有利な話題にチェンジ!!

るの。ほら、そういうのって実家暮らしのときじゃないとできないじゃない？

ということは、ユカリも夢を見つけたんだ〜。やっとだね！私はいま二段目ってかんじだけど、ユカリにも早くこの階段を上ってきてほしいな！⑥

もうね、日本じゃダメだなあって思ったの。戦後、みんなで積み重ねてきたものが崩壊してるのが今の日本じゃん？だから、外から日本を見てみたいなって。❼年齢もキャリアも重ねた後じゃ身動きとれなくなっちゃうし。

ふーん、世界大学日本語科⑦ってかんじ？

今からがんばれば、紙子も間にあうよ。

ユカリはもちろんそんなことにはならないと思うんだけど、留学した子たちってウザくなりがちじゃん。メリットといえばちょっと英語ができるようになったかな？ぐらいでさ。

⑥**私が一度通った道ですよ。**

❼現状に満足している人をなんとか焦らすための決まり文句。まだ何も行動していなくても言える。

⑦妙な名前をつけて**暗にバカにする**手法。

でも、英語が話せるようになってわかることってあるから。

やっぱ、ユカリは今に満足してないんだねー（憐れむ目）。

だってそうじゃない？　私たちまだ若いじゃん。満足なんてしてらんないよ！

あはは。ユカリ、私に本音を言ってくれて嬉しい。でも私、まだまだ駆け出しだけど今の仕事に誇り持ってるし、自分が成長してるって手ごたえを感じてて楽しいの！

でもさ～、日本じゃ上に行けないじゃん？　女の人って。

すみませーん、メニューくださ～い！（しばし、メニューを見る）ごめ～ん、何の話だっけ？　そうそう、男関係はどうなの？⑧ 東京に出て思ったのは、男の質が全然違うってこと。意識も高いし、地元の男とか男として見れないなあ。

へ～、選択肢減っちゃったんだ。❽ みんなじっくり話すとすごくイイ人たちだけどね。あ、紙子は一人の人と長くつきあっ

⑧地元の男としか出会いがないであろう相手に牽制。

❽**「コンビニ弁当なんて食べられない」「H&Mとかもう着れない」**などといったマウンティングにも使える。

たことなかったか。

私、飽きっぽくて～。ユカリは一人の人と長くつきあうタイプだよね。すごーい。尊敬するー。刺激がなくても大丈夫ってことでしょ～。

私はまだ二人ぐらいしか知らないし、紙子のように経験は少ないんだけどさ。

あっ、ゴメン○○君から大切なメールきてたの返していい？

すみませ～ん、メニューくださ～い！（以下、ループ）

ケース⑤　やさぐれ女子×純朴女子

瀧波　しかし、女同士ってものすごくくだらないことでもマウンティングしあうよね。学生の頃だと、処女を笑うとか。

犬山　お姉さんぶって、「後生大事に持ってるもんでもないよ。私は経験者だけど」とか言って。

瀧波　その子が〝処女であることは肩身が狭い〟と思うように仕向けたり、その子にだけわからない話を延々したり。

犬山　ありますね！

瀧波　OLをやってた頃、同僚に炭水化物ダイエットをしている子がいて。当時はまだ糖質オフって概念が浸透してなかったし、私もそれが何なのかよく知らなかった。だから、その子が野菜や揚げものがぎっしり詰まったお弁当を開けて、「ダイエット中だから、こういうのだけ食べるんだ」って言

純朴女子

©瀧波ユカリ

ったとき、ものすごくバカにした覚えがある。「へえ、ごはん食べないんだ。でもこのおかず、ごはんなしで食べるなんてちょっとおかしくない？」って。

犬山――なんかニッチなマウンティングですね（笑）。

瀧波〜実はその子、屈託がなくて可愛らしくて、すごくいい子。なんだけど、ちょっとダサい。素直でいつもニコニコしていて、朗らかな声で「おはよう♪」とあいさつ。その好感度の高さが疎ましくて、その子よりも自分の方が上だと思いたかった。当時の私にとって、その子の存在は眩しすぎたんですよ。

犬山 爽やか&純朴女子に対するそういう気持ちはちょっとわかります。

瀧波 ちょっといじめたくなったりするんだよね。なんでだろう？

犬山 NHKの朝の連ドラのヒロインみたいな子って、思わずマウンティングしたくなるような隙があるんですよね。若い頃ってダサい子が男に人気あるのも受け入れづらいし……。

瀧波 「酸いも甘いも嚙み分けた方が人間的に上なのよ」アピールをしたくなるんですかね。そういえば、その子にもうひとつマウンティングしたなあ。「今までにした一番悪いことって何？」って質問をぶつけてね。今考えたら何だ、その質問（笑）。

犬山 マウンティングの要素を引っぱり出してる（笑）。

瀧波 その子が本当にイイ子だったから、どんな答えが返ってくるか興味があって。するとその子は「うーん、うーん」って可愛らしく考えてから、「ファミレスに四時間いたことかな？」って。もう「一生そのままでいて！」って話なんだけど、そのときはそれをすごくバカにしました。「それが悪いことなんだ〜。超おかしい！　○○ちゃんって本当にかわいいよねー」とか言って。以来、その子は徐々に私に近づかなくなりましたね。

犬山　アハハ。このマウンティングは男の前でやったら絶対モテないですね（笑）。でも、私も仙台の同級生のちょいダサ女子を「話つまらないな」と見下していた部分があります。その子も純朴ないい子だったんですけど。

瀧波　あ〜、わかる！　今になってみれば、話がおもしろいのがなんぼのもんじゃい！　って思うんですけど。

犬山　さっきの子に対して、「こういう女の子に鉄板のおもしろネタを聞いてみたい」って意地悪心がむくむくと湧きあがってきたこともあったな。それでその子は、「この間起きたら、ほっぺたにコメ粒がついてて」みたいな話をするわけですよ。それで瀧波さんと同じく、「それが鉄板ネタなの～？　かわいいね～」って小バカにしてしまいました。しかも私はさらにヒドくて、そのことを七年後に思いだしてブログにも書きました。

瀧波　それ、どういう書き方したんですか？

犬山　彼女にバレないようにフェイクを入れつつ「普通の女に鉄板ネタを振るとどういう回答が返ってくるか」ということを書きました。〝普通の女〟ってお前は何様だって話ですよね。ちなみにもう消しました。

瀧波　さては、味方を募集しましたね！「この話をつまんないと思う人、手を挙げてー！」

犬山　「私はそれを笑えるくらいおもしろい女ですよー」って。「普通の女の鉄板ネタってつまんない（笑）」ってブログ自体、おもしろいどころかめっちゃつまらないのに。今になってみると、その子は本当にいい子だから、「あのときは本当にすまなかった。そのままでいてください」ってかんじですね。

瀧波 素直なハイジみたいな子に対して、マウンティングしてしまう……まるっきり戦意のない相手にやるんだから相当タチが悪い。

犬山 私はその子が言ってくることに対してなぜかイラッとするんだけど、別にその子はイラッとさせようとしているわけじゃない。なんでやさぐれ女は純朴女子にイラッとするんでしょう？

瀧波 そういうまっさらな女の子になりたいというやさぐれ女の願望の裏返しかな。自分を翻《ひるがえ》ってみると、純粋だった時期は幼稚園ぐらいまで遡らなければいけない。だから、自分と同じ年ごろになっても純朴な人に嫉妬しつつ、どういう世界をみてきたのか興味があってつついてしまう。

犬山 それで、鉄板のおもしろネタを聞いてしまう、と。あげく、「この子、なんにも知らないんだ」と純朴女子を見下して安心する。うらやましい思いを押し込め、人生の経験値が高い自分がアドバイスしてあげなくちゃ的な。

ほんと、余計なお世話ですね。

瀧波 あからさまないじめではなくて、相手の話を笑うとか、次の日になったら忘れるぐらいの細かい攻撃なんですよね。それでも何もやり返さず、すっと離れてゆく純朴女子。彼女は彼女なりに傷ついていると思うんですが、それでもなお純朴を保ってゆくのかな？

犬山 私の友達の純朴女子は結局、都会にもまれたこともあり、純朴じゃなくなっちゃいました。

瀧波 やさぐれ女子の念願叶って引きずりおろしたわけですね。

犬山 引きずり落としてやりたい！　まではもちろん思ってなかったんですが……。やさぐれたその子には彼氏がいたんだけど「セフレに言い寄られて、どっちにしようか悩んでる～」って相談されて。思いっきり、「はあ？」って言っちゃいましたからね。「好きなのは彼氏なんでしょ？　もう一人の男なんかとっとと切っちゃいなよ！」って。やさぐれ側に来たら来たで、今度は純朴を強要するという。

瀧波 あ〜、なるほど。でもそれ、基本の技だよね。「こういう服がオススメだよ」と言っておきながら、その子がいざそういう恰好をしてくると、「いま、それ着る?」みたいな感じで突き放す。

犬山 そういえば私、純朴ぶりっこにマウンティングされたことがあります。

瀧波 そのパターンもけっこうありそう!

犬山 その子をAちゃんとします。私とAちゃんにはBくんという共通の男友達がいるんですけど、そのBくんが私のことを好いてくれていたんですよ。で、「恋愛感情はないからね」と明言しつつ、私も弱った時とかに若干パシってもらっていたところもあり。

瀧波 なんかもう、苦笑するしかない(笑)。

犬山 で、ある日、Aちゃんが私に電話をかけてきたんですよ。恋愛がうまくいってなかったようで、自分のなやみを散々語ったあとに、「紙子ちゃん、

いまからBくんに電話をかけて『私は汚れてる』って電話で言って」って
お願いされたんです。一瞬「え？」ってかんじだったんですけど、「だって紙子ちゃんはBくんのことを利用しているけど、Bくんは紙子ちゃんのことピュアな人だと思いこんでるんだよ？　私はもうBくんのそういう相談に乗りたくないの。自分からBくんに本当のことを言って！」って。

瀧波〜〜Aちゃんが Bくんに「パシリやめたら？」って言えば済むことじゃないですか。

犬山｜そうですよね。だけど、ここまであからさまにネガティブな感情を向けられたことがなかったので、相当テンパってしまって。このままだとAちゃんから嫌われちゃう！　と思って、Bくんに「私は汚れてる」って電話しちゃったんです。「私はあんたの気持ちを利用して、パシリにするような悪い奴なんだよ」って。Bくんは「え？　それくらい知ってるけど」って笑ってたけど。で、Aちゃんに「ちゃんと言ったよ」って報告の電話を入れたら、「ふーん、わかった。私も紙子ちゃんみたいに汚れたい。私も今度、そういうことしてみようかな?」って。要するに〝私はピュアです〟ってマウンティングですよね。

瀧波 キレイに決まってますね(笑)。まず、悪いことをしてるという相手の疚《やま》しさを利用して、自分の口から「私は汚い」と言わせる。そして、「私も紙子ちゃんみたいに汚れたい」ということで、「あんたは汚れてるけど私はピュア」と立場が上であることを暗にほのめかす。

犬山 マウンティングでキレイに決められた瞬間って、するどく切り返すこともできず、放心状態になっちゃうんですよね。そのときもフワーッとなって、「汚れてしまうといろいろとイヤなことがあるから止めた方がいいよ……」みたいなことを言ったんです。けど、一時間ぐらいたってから「ん? ケンカを売られたのかな?」と。

瀧波 うまいな〜、Aちゃん! それでその後、二人はどうなったの?

犬山　私とはほぼ絶交状態です。

瀧波　やっぱり最後にはそうなっちゃうんだ……。

マウンティング
シミュレーション

やさぐれ女子×純朴女子

やさぐれOL（いろいろ汚れてる）［瀧波］

純朴OL（「悪いこと」の経験がファミレスに4時間いたことくらい）［犬山］

＊ここは○×商事。休憩室にはOLがふたりきり――

紙子ちゃんってー、髪の毛真っ黒❶だよね。キレイ！

そんなことないです〜。染めたりしたことないだけなんですよ〜。

染めたことないんだ！ 生まれてから一度も!? そんな人初めて見たかも！ マジメなんだね。

❶「真っ黒」の部分は「**むぁっっくろ**」と少々おどろおどろしく発語する。

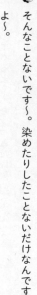

あ…ハイ。おしゃれに疎《うと》くて……（タハハ）。

あっでもー、黒髪でマジメそうな雰囲気だと変な男がいっぱい寄ってくるよ？ ちょっとだけ染めてみたら？❷

ええっ！ 私に殿方なんて寄ってこないですよ〜。でも、ユカリさんみたいにオシャレな人には憧れますぅ〜。

じゃあ、私の行ってる表参道のサロン紹介してあげるね。❸

……てか、ハッキリ聞いちゃうけど、紙子ちゃんって処女？❹

あ…あ…ハイ〜。殿方とお付き合いしたことがないので……。ちょ、ちょっと怖いんですよ〜。

そっかぁ〜。うわぁ〜、紙子ちゃんと私、同い年なのに紙子ちゃんはいろんなことをまだまだ知らない❺んだね。へぇ〜（どこか憐れむ感じで）、なんとなくだけど紙子ちゃんって苦労したこともなさそう。

そうなんですよ〜。私はずっと赤毛のアンみたいな子どもの

❷**聖域汚し作戦**スタート！

❸オシャレアピールしつつ、自分の縄張りに取り込んで監視を強めようとしている。

❹常識ある人はこんなことをいきなりハッキリ聞きません。

❺「女としていろいろ経験ある私、ないあなた」というかなりあからさまなマウンティング。

①ままというか、おない年なのに周りのみなさんが大人に見えて……。苦労もみなさんに比べたらまだまだかもしれないですね……。

でも紙子ちゃん、そんな自分が好きそう！❻

なるべく自分を好きになる努力はしてます♪　ユカリさんみたいに自分に自信を持てたらなぁ〜。②

自信なんてないよ〜。私って不幸だわーとかよく思ってるし！　紙子ちゃんはどんな時に自分を不幸だって思う？❼

いつも会社終わりに「頑張ったご褒美に」ってコンビニのプリンを買ってるんですが、私のお気に入りのが売り切れてた時です〜☆③

へぇ……紙子ちゃん、お花畑って言葉ぴったりだね。

あっ！　お花畑大好きなので嬉しいですっ！

アハハ……。（戦意喪失）

①私はピュアですよアピールにとられるかもしれないけれど、**本人はマジで**言ってるだけ。

❻**赤毛のアン**にイラッと来てつっかかっている。

②実は失礼になり得ることを言ってるけれども、これも**悪気はなし。**

❼どんな返答が来ても笑ってdisる気まんまん。

③聞いてるほうがイラッとしても、そのイラ立ちをどこにぶつけてよいのかわからないタイプの発言。

＊編集部注：通常は完膚なきまでにマウンティングされることが多い純朴女子だが、純度の高い純朴女子は天然すぎて攻撃が通じず、しばしばこうした逆転劇が起きる

ケース⑥　自称情強女子×情弱女子

犬山　思想の押しつけや正義感を振りかざす人もいますよね。これがマウンティングかというと微妙ですけど。

瀧波　自分の正義を絶対と思っている人は、その正義感を持ってストレートに攻めてくるから、自分の優位を示そうとは思っていない気がするな。ただ、こういう例もあるよ。バックパッカーの間では、「お金をください」と寄ってきた現地の人に、お金をあげるかあげないかきっぱり分かれる。で、あげないって決めた人はあげる人をマウンティングする。「お金あげちゃうんだ〜」「あげても元締めみたいな大人がいて、回収してるんだよね〜。だから私はあげないんだ」みたいな。

犬山　街頭募金でその手の話は聞きますね。「本当にきちんとした団体かどうか見極めもせず、寄付しちゃうんだ〜」

瀧波 ここに正義がある！　と思ってがんばっている人たちに、「あなたたちはまだ知らないようだけれども」。

犬山 「ここに正義なんてないんだという情報を教えてあげますよ」ってことですよね。

瀧波 逆パターンのマウンティングはないのかな？　マウンティングよりもっとストレートな物言いになると思う。「あなたはなぜ、これをしない？」という。ちょっと英語を和訳したみたいになっちゃったけど（笑）。

犬山 宗教の勧誘みたいですね。

瀧波 やはり、自称情強女子と情弱女子は一方通行な気がする。たとえば情弱女子が「ペットボトルのフタを集めて、恵まれない子どもたちにワクチンを！」とか言いだしたら、自称情強女子はいろんな論法を駆使して、「あれはこれこれこういう理由であまり意味がないんだよ？　あなたたちはまっすぐで純粋だよね。ほんと偉いよ(フッ)」みたいに正義を小バカにする。

犬山　「私たちの方が社会を俯瞰でみてるぜ」という。

瀧波　前に「お金をください」って書かれた缶を前に置いた、「江戸時代の人ですか？」みたいなボロボロの格好のおばあさんが道端に座っていて。その缶に百円ぐらいを入れてあげて、その話を友達にしたら、「あげちゃうんだ〜、純粋だね〜」ってバカにされたことがある。

犬山　「募金をいくらしても、そのときに潤うだけで根本的な解決にはならないんだよね。だから、募金には意味がない」みたいなことを言う人もいますよね。じゃあ、お前は根本的な解決策を実行してるんだな⁉という。このパターンは正義感が強い方が分が悪いんですかね。正義感も妄信的になると手に負えないですけど、それはマウンティングとは別の問題だから。

瀧波　自分の中に「これが正しい」という信念がある人は、折に触れてバカにされやすい傾向にありますね。昨今は特に。

犬山 知り合いにも「浮気は絶対にダメ」な人がいて、浮気した友達を呼び出して人前で説教してましたね。

瀧波 人前って！〝やさぐれ女子×純朴女子〟に通じるところがありますね。今は以前ほどいないと思いますけど、「ピアスの穴を開けない私」問題とかも。

犬山 学生時代「ピアスをしてる子がイケてる」という風潮があったから、その時にイケてない側としてためこんだものがあったんでしょうね。

瀧波 「親からもらった体に傷をつけるなんてとんでもない！という確固としたポリシーがあるので、私は開けていません。あなたたちは取り返しのつかないことをしましたね？」。こういうのもありますよ？「ピアスホールを開けると、時代劇に出られなくなるんだって」

犬山 出ねえし（笑）。タトゥーもそうですよね。キラキラネーム（注：読みづらい名前や常識的にありえない言葉を使った命名。別名「DQNネーム」）に対する正義感の振りかざしはどうでしょう？　「子どもの立場になって考えてみなよ」「その子が就職するとき、どんな気持ちになると思う？」

瀧波　うーん、でも、子どもにキラキラネームをつけてしまった人と話すとき、必要以上に引っ張っちゃう自分がいるんだよね。たとえば、犬山さんが子どもにキララという名前をつけたとしよう。「え〜、今風。すごーい、新しい〜。え、字はどう書くの？　これ一字でキって読むの？　この字でラ…ラン？　最後はランって書いて、ンを読ませないんだ〜」

犬山　表面だって否定はしていないけれども！（笑）。

瀧波　時間をかけて、「あなたの付けたキラキラネームはこんなに読みにくいですね」というのを褒め言葉を装って訴えたくなるんです。

犬山　名前の問題ってやめどきがむずかしくないですか？　友達が子どもを産んで、「名前、まだ迷ってるんだけど、ジュエル（仮）にしようかな」ってつぶやいたことがあって。何か言った方がいいのかなと思ったんですけど、マウンティングになったらイヤだし、「かわいいね」みたいなことを言って無理やりその話題を締めたことがあります。後々、なんだかな〜な気分が残りましたね。

瀧波 そこは瞬発力ですよ！　早い段階で「それはちょっと」と言えれば、けっこう許されて、話題も流れていく気がする。ただ、キラキラネームをつけた人と話すと、「あなたはその名前がキラキラネームだと判断できなかった。私はできる」という優位性を示したくなってしまう。

犬山 キラキラネームをつけた親は、相当あちこちでマウンティングされているんでしょうね。

瀧波 キラキラネームをつけた親同士で、「うちは超キラキラ」みたいなマウンティングをやってるかもしれない。逆にマリコとかつけた親に対して──。

犬山 「ふるーい」

瀧波 いや、もうちょっとオブラートに包んで、「古風〜」。

犬山 正義感とは少し違うかもしれないですけど、自分の常識のなかで生きている人が、突飛で反社会的な行動をしている人に対し、つい何か言いたくなるのはありますよね。私がちょっと怖くなったのが、自分のおっぱいをツイッターでアップしている女の子なんですけど。

瀧波 谷間とか？

犬山 谷間じゃないですよ！ まんまです。しかもプロフィールが小学生とかになっていて、さすがに「ちょっと、あんたね」ってリプライ飛ばしそうになりました。

瀧波 かまわれたいからやってるのかな？

犬山 実は女ではなくおっさんという線もありますが、ネットリテラシーのない小学生が「非処女ですよ」アピールのためにエロい画像をバンバンアップしているケースもあるみたいで。全然知らない子なんですけど、「それや

谷間女子に説教

©犬山紙子

っちゃダメじゃん!」って言いたくなる。

瀧波 それは普通に心配してるだけだから! マウンティングじゃない。

犬山 あ、でも、谷間写真をアップしている友達に、何か言ってくる女も結構いる。

瀧波 そういうことをできるのがうらやましい気持ちが根底にあったら、それはマウンティングになりうる。まずお見せできるものをもっているということと、それをためらいなく出せる自信に対し、「あなたは恥じらいがない」という武器を持ち出す。

犬山 胸が開いた服を着ている子に、「屈《かが》んだら見えるんじゃないの？」「ちゃんと下に着てる？　大丈夫？」。

瀧波 「そういうのやめた方がいいと思うよ？　ほかならぬ紙子だから言うんだよ？」

犬山 「ネットなんかにアップしたら、全世界の人に見られるんだからね！」

瀧波 そこまで責められるほどのことでもないのに（笑）。

犬山 そう！　谷間アップって、本当に誰にも迷惑かけない（笑）。ネットリテラシー低すぎるのは個人情報を晒《さら》しちゃったりと心配だったり実害があったりするけどこれは違う。やっぱり、うらやましい気持ちが根底にあるんでしょうね。これが既婚者だったら大変ですよ。鬼の首をとったように「旦那さんや子どもがどう思うか。あなた、何やってるの？」。

瀧波 常識や規範とかをうまく使って、「何も知らないあなたに、本来はこうあるべきだということを教えてあげますよ」という。本当はただ気に食わないだけ。

犬山 本当、それだけですね。

瀧波 服装で言うと、披露宴もこの手のマウンティングの応酬ですよ。「結婚式で白着ちゃうの？」

犬山 「これ、ベージュなんだけど……」

瀧波 「うーん、ベージュって光の加減によっては白に見えるからね〜」

犬山 こっちは祝う気持ち満々で楽しくなっているのに、水を差された感がハンパない。そういう人ってなんでそういうプチ情報を持ってるんですかね。

瀧波 いつかの機会のために、虎視《こし》眈々《たんたん》とマウンティングの材料を溜め込んでいるんですよ（笑）。「お寿司、トロから頼んじゃうんだ」とかもそう。

犬山 さほど悪いことしたわけでもないのに、とてつもなく恥ずかしい気持ちにさせられる……。

瀧波　事情通型マウンティストの典型ですね。委員長タイプ？

犬山　すぐに先生にチクる系だ（笑）。これ、チクチクやられた方は、マウンティングされて家に帰った後、速攻で友達に悪口言いますよ。「今日のユカリ、超ウザくてさ」

瀧波　そうやって相談した先で、「でも、ユカリの言ってることは真っ当だよ？」とか言われたら死にたくなるよね。

犬山　マウンティングで負けた女がその鬱憤を別の友達で晴らそうとしたけど、まったく晴らせなかった場合どうするか……それとなくツイッターに書くのは？　ユカリと書かないで、「お祝いの場で楽しい気持ちでいるときに、細かいことをチクチク言われると、なんだか気持ちが削がれてモヤモヤするなと思いました」。

瀧波　でも、「チクチクってどんなこと？」ってリプライが飛んできて、それに答えたら「きっとその人は親切心で言ってくれたのでは?」みたいなリプライがくる。

犬山 本当だ! 会話だと表情とか言い方でマウンティングされてるってわかるのに、文字化すると、「正しいことを言われてるのに、なんだコイツ」って反応になりそうですね。

瀧波 私はこの手のマウンティングをする側だったけど、もう言えないし、言わない。よっぽどTシャツとジーパンで来たとかなら別だけど(笑)。常識だから教えてあげたいっていうのは、自分がスカッとしたい場合と、「この人、教えてあげないとヤバイ」というときがあって、ちょっとでも自分がスカッとしたい気持ちがあったらやめた方がいいよね。

犬山 本当のアドバイスなのかクソバイスなのか、そこが分岐点ですね。

マウンティング
シミュレーション

自称情強女子×情弱女子

自称情強女子［瀧波］

情弱女子［犬山］

＊ときは披露宴の終わり……

あんないい結婚式なかなかないよね〜。

私、泣いちゃった。

それにしても紙子、今日はすごいおしゃれしてきたよね。❶

やっぱりこういう場だから、祝う気持ちを前面に出そうみたいな感じで気合いれてきたよ。

❶**半笑いな感じ**で。

けっこう、むずかしいよね。結婚式コーデって。

そうだよね〜。（地味なドレスを見て）ユカリももうちょっと……でも、そうか。人それぞれ趣味があるから。①

フォーマルな場だから、自分が服装で何かを表現するんじゃなくって、礼儀を重んじただけなんだよね。紙子、ちょっと一個だけいいかな？　感じ悪くなったらゴメンなんだけど、❷ほら、いまミュール履いてるじゃん？　つま先見えちゃってるよね？　足の指ってフォーマルな場じゃ見せちゃやダメらしいよ？

教えてくれてありがとーっ！　でも新婦のミチコも超泣いて喜んでくれてたし、みんなあんまり見てないよ〜。ユカリ、姑みたい②でウケる（笑）。

でもね、親族が見てるじゃない。❸披露宴ってミチコの旦那の親とかが、「自分の息子の結婚相手のお友達はどういう子な

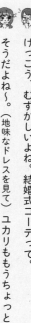

①理解しているようで非難しているワード。

❷この導入文句で一気に上に立つ。

②「姑みたい」＝「口うるさいババア」に対し、**けなげでかわいそうな私**。

❸**「世間が」という視点**で相手の反論を封じる強力な技。

のか」を見る場でもあるんだから、そこは気をつけないと。

足の指が見えている靴って、昔は娼婦の履き物って言われてたんだよ？

昔の話でしょ？ 今、そんなことないんだったら……。

（さえぎって）だから、昔の人が見てるんだって。っていうか、『フォーマル事典』とか読んだことない？

ネットでは調べたよ。だから白とかは避けたし。

でも、紙子が上に羽織《はお》ってるヤツ、ちょっと明るい所にいくと白に見えるよ。

実際は白じゃないし、もぉ～細か～い！ そこまで細かいところを気にして「常識、常識」っていうより、お祝いしたい気持ちや「今日はこの場に呼んでもらって楽しいです」って気持ちをトータルで出すことが大事じゃ～ん。本末転倒だぞ！ じゃあ、私からもユカリにひとついいかな？③

③相手が「ひとついいかな？」を繰り出したことにより生まれた権利をフル活用。

え？　なになに？

たぶん、ユカリは本気でお祝いしていると思うの。私は友達だからわかってるよ？　でも、さっきは料理とかにもケチつけてたじゃん。まわりの人から見たら、④ちょっと僻《ひが》んでいるように見えるかなーと思って……。

（スルーして）ミチコが主役なんだから、デコルテとかもそんなに見せない方がいいんじゃないの？　紙子、乳首が見えんばかりの勢い❹だけど。

見えないって〜。考えすぎだよ〜。⑤それに、デコルテ見せた方が洋服もキレイに見えるし。

大事なのは新婦のデコルテだから。新婦のデ・コ・ル・テ。でも、写真とか撮るときにみんながキレイな方が、後から「奥さんのお友達もみんなキレイでおしゃれだね」って言われるじゃん。ユカリみたいな人が一人くらいいてもいいと思

④これも相手の「親族が見たら〜」のブーメラン攻撃。

❹言われた方はとても恥ずかしいことをギャグっぽく言う。

⑤**ひがんでるの〜？**の意。

うけど、みんながユカリみたいなドレスだったら、せっかくの写真も烏《からす》の集団って感じになっちゃう。

華やかなのは若い子に任せればいいかなって。私たちはそういうの、もういいじゃん？

女って、いつまでたっても女だと思うよ？

年齢的にはやっぱり控えたほうが。

そういう古風なところ、ユカリらしいよね。でも、海外のウエディングパーティーとか見るとさ、年を取ってもみんな華やかなドレスを着て楽しそうなの。私は日本の常識もいいんだけど、海外のいいところも取り入れていけばいいじゃんって思ってるんだよね。⑥

そういう考え方もあるんだね。羨ましいな〜。私は常識に捉われちゃって、礼儀を無視できなくなっちゃってる。

私もミチコも一年、海外にいたからさ〜。もはや、日本の常

⑥困った時の海外頼み。さまざまなマウンティングシーンで活用できる。

識は世界の常識じゃないというか。

ついつい、新郎新婦のご両親や親せきの方々の目を意識するようになってしまって。

そのままいくとババアになっちゃうよ？　ヤバイって〜。

本当？　でも、お見合いとかは自信がある。

ん？　お見合いするの？

そういうわけじゃないんだけど、向こうの両親受けは完璧だと思う。

うわっ、私、両親ウケしないからうらやましい〜。でも、両親ウケする女って男からウケない⑦んだよね〜。ユカリはカワイイから大丈夫と思うけど。

つきあっているときはそうかもしれないけどね。

まーでも、今日の主役はご両親じゃなくてミチコなんだから、私が新婦だったら友達は華やかなほうがいいなって。客観的

⑦男じゃないのに「男ウケ」を持ち出してギャフンと言わせる方法。

にそう思ったからこのドレスにしたんだよ？

なんかまっすぐ❺だよね、紙子は。

ミチコも海外の挙式みたいにしたいっていって、ガーデンウエディングにしたわけだし。

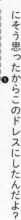

紙子の場合は、招待状に「平服《へいふく》でお越しください」って書いてあったら、本当に平服で行きそうなかわいらしいまっすぐさだよね。うちらの共通の知人とかも、紙子のそういう所をカワイイと思って見てるから。「そういう子が一人ぐらいいてもいいよね」って。それが紙子のキャラなんだって。❻

ユカリはすごく常識があるから、みんなから尊敬されてるし、先生みたいだよね。あ、ユカリは先生キャラだ！⑧

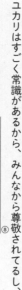

うん、なんでも聞いて。❼あのね、紙子。バッグからいきなり祝儀袋を出してたけど、本当は袱紗《ふくさ》に包まなきゃいけないからね。

❺まぶしいものを見るような目をして、「**私はそんな時期はとっくに過ぎて大人なの**」というムードを出す。

❻**キャラのゴリ押し。**

⑧**キャラのゴリ押し返し。**先生キャラ＝口うるさい。

❼ゴリ押し返されたキャラを逆手にとり、情報通の立場にのし上がる上級技。

そ、そうなんだ。袱紗？

あぁ～、そこからか～。ちょっと、私の手には負えないかな。

も～、先生～、そう言わずに教えてくださいよ～。

まずは一度、マナーブックに目を通して。❽

ウケるー！⑨　マジで先生みたい（笑）。スマホでググればなんでもわかるから大丈夫。

でも、袱紗持ってこなかったじゃん。

先生が教えてくれないからですよ～。でも、今日は楽しかったからいっか。⑩

じゃあ、教えるね。今日、紙子がつけてる羽根の飾りだけど、羽根は抜けて落ちるって意味があるから、できれば披露宴ではつけないほうがいいの。あとさ、真珠のネックレスを一連でつけてるけど、お祝いは重ね重ねのほうがいいから本当は二連以上が常識。一連はお葬式のとき。紙子、ここだけお葬

❽指令を出し**プロデューサーモード突入!!**

⑨冗談を言ったわけでもない相手に「**ウケるー！**」は若い子が使用しやすい手法。

⑩話題を無理やり終わらせるワード。

式！（ネックレスを指しつつ）ユカリさ〜、これはダメ、あれはダメって生きててさ、絶対につまらないと思うんだけど。

私は紙子が他所《よそ》で恥をかかないようにと思って言ってるだけだから。

今日ユカリに教えてもらったこと、ありがたいけど、やっぱり基本は楽しくみたいなのを大事にしたいな、私は。

紙子、その真っ黒タイツもちょっとお葬式入ってるよね。

せんせ〜い、もうチャイムなってますよ。授業終わりですよ〜。

そういえば、みんな紙子の谷間見てたよね。

え〜ホント？　気づかなかった〜。今日の私は胸のカッティングで全体のバランス取っただけなんだよ〜。いいなあ、ユカリは良い意味でエロくなくて。⑪

⑪「**良い意味で**」はマウンティングの基本ワード。

紙子は無意識にここに（デコルテを指しながら）自信が表れてるから。これが紙子の自己表現なんだなっていうのはすごく伝わった（ニッコリ）。

先生～、楽しい結婚式の後にそんなことばっかり言わないでくださーい。

やっぱり気にしちゃったか。言わないほうがよかったね。ゴメン、そういうことは今後、一切言わないようにするね。❾

うっ……。

❾**「今後また恥をかいても知らないよ？」**というニュアンス。今後も相手をコントロールするのに有効な技。

ケース⑦　既婚女子×独身女子

瀧波　既婚の人にマウンティングされたことあります？

犬山　先に話したオタクの男友達や友達がメルマガを送ってきたぐらいかな。

瀧波　意外とないのかもね。既婚女子が独身女子をマウンティングする場合、「独身、超楽しい！」とか、「独身、最高でーす」みたいな人をターゲットにすると思うから、犬山さんは対象から外れるのかな。

犬山　かもしれないですね。あとは仕事方面が充実してるマウンティング。だけど、今までで最も多く争われてきたのは、この〝独身女子×既婚女子〟のマウンティングでしょうね。

瀧波　それだけにみんな、腹見せも上手になってきてるというか。既婚女子は「全然遊びに行けないよ」とか言うし、独身女子は「ひとり暮らしも長いと独り言が多くなって」とか。

犬山　あまりにいろんな場所で腹見せを目撃しすぎて、「あ、この人はいま私に気を遣っている」ということまでわかるようになりました（笑）。

瀧波　一回の飲み会が全編腹見せで終わったりね。まあ、マウンティング合戦で終わるよりいいんだけど。あとはただただ懐かしがるマウンティング。「私も紙子ちゃんみたいな時期あったわー」。

犬山　私とあなたの人生は違うのにな〜（笑）。

瀧波　ひと通り懐かしがった後に、「今はつきあいたてで楽しいと思うけど、その時期過ぎたらこうなって、こうなるからね。覚えておいて！」。

犬山　（爆笑）言う方、気持ちよさそう！　麻薬と一緒ですね。

瀧波　ほんと麻薬ですよ。いまシミュレーションで言ってるだけなのに気持ちよかったから（笑）。それでその後、教えてとも言われてないのに結婚式の準備の大変さを延々語りだしたりするよ。

犬山　「でも、大丈夫！」とかとってつけたように言ったりして（笑）。なんでしようね。やっぱり女の心の中には、おせっかいババァが棲《す》んでるんですかね。

瀧波　おせっかいババァキャラになれば、何を言ってもOKみたいな。

犬山　私も結婚した暁には、そういうこと言いだしそうだもんなあ（遠い目）。既婚女子独身女子側も既婚女子にマウンティングすることとありますよね。既婚女子に会うときは、子どもを抱っこできないような高いシルクシャツとかに小っちゃいバッグを持って武装するとか、あえてエッジーな恰好をしたりとか。

瀧波　上から下までおニューで揃えた日はヤバイですよ。それ、マウンティングする気マンマンということだから。

犬山　もちろん嬉しくなって着てるだけってことはあるかもしれないけど、ファッションは自分の精神状態を測るバロメーターですから。出かける前のひとりファッションチェックは重要。

瀧波　情強女子のところでも出てきたけど、独身女子が既婚女子を攻撃しやすいシチュエーションとして、結婚式のときの手順とか作法に関することもあるよね。これ、実際にやられたことあるんですよ。結婚式の招待状を送ったとき、カジュアルな雰囲気すぎて、受け取った人にご祝儀制だっていうことが伝わりづらかったみたいで。ある人に「これ、招待でいいんだよね」って聞かれて、「いえ、ご祝儀制なんです」って説明したら、「これじゃわかりづらいよ。あなた結婚するんだから、こんなことぐらいちゃんとできてないでどうするの？」って言われて。あのときは結婚式が終わってからも、「あのときの進行、いまいちだったたよね」とか言われたなあ。

犬山　結婚式まわりの話題は盛り上がりますしね。独身女子同士で人の結婚式の愚痴を言うのが一つのコミュニケーションになってたり。

瀧波　そこで発散して終わりだったら別にいいんだけどね。

犬山　それを本人に直接言うっていうのは……。マウンティングですね。

瀧波 「正直どうかと思うよ」とか、冗談混じりにも言っちゃいけない。

犬山 ショーを見に来たお客さん感覚なんですかね。「こっちはご祝儀払ってるんだから」って大義名分のもとに憂さ晴らししてる。

瀧波 あ～、またすごいの思い出しちゃった！ 友達からの「結婚します」メールに、「本当によかったね。でも、私はお幸せにとは言わないよ。今も幸せだろうから、そういうことは言わない」みたいな訳わかんないレスしたことが～（赤面）。

犬山 そんなに酷いイメージはしないけど、わざわざ言う意味もわからない（笑）。

瀧波 素直に「お幸せに」を言いたくなかったんだよ（笑）。その頃、派遣社員の仕事の研修で仕事内容をひたすら詰め込まれるガイダンスを受けてたんだけど、すごく辛かったの。その昼休みにゴールインのメールが届いたから、まだやりたいことも決まっていなくて、とりあえず研修を受けている自分とすごく距離を感じてしまって。

犬山　タイミングもあったんでしょうね。イラッとする結婚の報告とそうでない結婚の報告ってないですか？　今までで一番イラッとしたのが写真つきの結婚報告。そんな仲良くない女友達が三年ぶりぐらいにメールしてきて。それがラブラブ写真を添付しつつの「結婚します」メールだったんですよ。「おめでとう」の一言だけしか返せなかったです。他の友達の結婚メールにはいつも丁寧に返してたんですよ。「わあ、超よかったね。私も嬉しいよ！」みたいな。でもね、三年ぶりで、なおかつキメキメの写真が添付されていると、「この彼がイケメンだっていうことを暗に自慢したかったのかな」と思ったりして。

瀧波　それがハガキだったら、そこまでは思わないんだろうけど。じゃあ、そこに添付されていた画像がお世辞にもみんながうらやむような感じじゃなかったら？

犬山　ああ、それはこの間私がやった手口ですよね（注：犬山が自身のブログ内で彼氏ができた報告&彼氏の写真をアップしたこと。この情報はウェブ内をかけめぐり、まとめサイトも作られた）。それだったら、そんなにイラッとしないかもしれないです（笑）。

瀧波　結局は、彼のことを自慢したい気持ちが透けて見えるかどうかなんですよね。

犬山　ですね。私がブログで報告したのは、付き合ってもない人と付き合ってるって噂がウザかったのと、「彼氏がいない」ことで仕事を貰ってることもあったので。自慢したいという気持ちは全くなかった。でも写真をアップしなくてもいいところをしたのは彼が世間的にはかっこよくないっていうのを知っていたので、これだったら写真をアップした方が良いだろうと……。

瀧波　あれはそういう写真だったから（笑）。

犬山　いやいや、あのままです（笑）。

瀧波　（笑）。

犬山　「彼氏ができました、えへ」っていうより、正々堂々と「この人です」って言った方がオチとして受け取ってもらえるんじゃないかと。

瀧波　そこまで自分の自意識をいろんなものでくるんだり、揉んだり、練ったりして全然違う形にして出せたら、それはもはや芸ですよ！　自分をよく見せたいとか、そういう気持ちをためつすがめつして世に出す。それを見た人が爆笑してくれれば何よりだと思うよ。

犬山　ありがとうございます！　そもそも論になりますが、〝既婚女子と独身女子〟って、なんでこんなに溝があるんですかね。男性のそういう話って聞かないし。

瀧波　やっぱりタイムリミットがあるからじゃないかな。

犬山　女性の場合は「行き遅れ」って言葉もありますもんね。三十代後半で独身だと、何かと世間の風当たりが強くて、すごく被害に遭っているかんじがある。「母親になることが女の幸せだよ」って言ってくる人とか多いですしね。人に自分の価値観を押しつけちゃいけないと思うんですよ。そういう意見への反発として、独身女子は既婚女子との間に溝を感じてしまう。

瀧波 実際は、うらやましい気持ちがないわけじゃないのに。

必要以上に「女の幸せとはこういうものだ」って言われると、反発作用が生まれるよね。

犬山 そうですよ。実家に帰るたびに親から、「早く結婚しろ」って言われるんですが、そう言われると「別に結婚したいわけじゃないから」とか強い口調で返してしまう自分がいる。どちらかといえば、したいと思っているにもかかわらず。そういうことを言ってくる人が隣にいなくても、独身女子は仮想敵と戦ってしまいがち。誰も何も言っていないのに、「みんな、私のこと行き遅れと思っているんでしょ」みたいな。それで、ふと我にかえったときに、「どうしてこんなしんどいことしてるんだろう」って思ったり。かくいう私もそうなんですけどね。この問題はけっこう根深いんです。

瀧波 既婚女子が独身女子に、「早く結婚したほうがいいよ」って言うのは、独身女子がうらやましいからというのもあるんだよね。自分の時間とお金をフルに使えるのをやめさせてやりたい、みたいな。既婚女子は既婚女子で、うらみがましい気持ちがある。独身女子がうらやましがっているものを既婚女子はすでに手に入れているわけだけど、それをそんなにいいものだとは思っていないというか。

犬山 自分が持っているものって、さほどいいものだと思えないんですよね。出産経験の有無も大きいですよね。産んでない側からすると、それは未知の領域なワケだから。そこにはまったく想像のつかない幸せがありそうで、それが欲しいかと言えば欲しいけれど、恐いという気持ちもある。外野から「そういう幸せをつかめ」と言われることも多いし、もうどうしていいかわからない！　みたいな。そこにタイムリミットというプレッシャーも襲いかかってくる。

瀧波　結局はないものねだりなんだよね。

犬山　どちらの立場になっても絶対に何かしらの不満が出てくるということですよね。既婚の方にも、「ひとりだったら、もっとバリバリ働けたかも」なんて気持ちがあるんでしょうし。だけどやっぱり、独身女子は老後の不安がね……（笑）。

瀧波　上野千鶴子さんの『おひとりさまの老後』（法研、二〇〇七年）も売れたもんね。また、そういうことをわざわざ言ってくる人もいる。

犬山　「ずっと元気だと思ってたらダメだよ」とか、「子どもを産んでおかないと、病気になったときに大変だから」とか。これって既婚でも、まだ子どもを産んでいない人も言われてるのかな？

瀧波　言われてるでしょうね〜。子どものことは特に干渉しないのが一番だけど、この手の話題って場が持つから、マウンティングするつもりはなくてもつい場の議題に選んじゃうんだろうね。

犬山 独身同士だった頃はそんな話をしなくても間が持っていたのに、どちらかが結婚したら、そういう話ばかりになってしまう。

瀧波 お互いに独身同士だった頃は一時間ぐらい『めちゃイケ』の話ができたのに、片方が結婚した途端、それができなくなるという不思議。

犬山 お互いに、生活や思考がガラッと変わるもんだと思い込み過ぎてしまうのかもしれませんね。「この話をしても通じないかも」とか。

瀧波 今まで仲良く遊んでいた独身女子同士の片方に彼氏ができると、彼氏が教えてくれる情報を友達がどんどん吸収していって、なんだか急に離れていってしまうような感覚ってあるじゃないですか。たとえば、インドア派だった子がアウトドア好きな彼氏の影響で山や川に行くようになって、自然の素晴らしさを語りだすとか。そうすると、いつまでも変われない自分が辛くなってくる。

犬山　以前『負け美女――ルックスが仇《あだ》になる』（マガジンハウス、二〇一一年）って本を書いたんですけど、みんな恋愛に苦労してて……。そんな彼女たちが幸せになることを心から願っているんですけど、彼氏ができたって聞くとすごく嬉しい半面、少し寂しいなという気持ちになってしまうんです。やっぱり、彼氏ができてかまってくれなくなることが寂しいんですよね。女友達同士にも少なからず独占欲ってあって、「あの子、いつも一緒に遊んでたけど、ダンナさんがいるから前みたいに誘えなくて寂しい」みたいな。そんな片思いにも似た気持ちを抱えたまま会ってもギクシャクしてしまうだけで。

瀧波　独身女子が既婚女子をマウンティングするときって、「寂しさ」がキーワードになってきそう。私が旅に出ると言い出した子に「十年後は大丈夫？」と告げた汚らしい気持ちとは違う切なさがある（笑）。

犬山 そういう寂しさをまぎらわすには、ストレートに愛情を示すしかないんじゃないですかね。

瀧波 お互いにそういうことはなかなか言えないから、「もう、前みたいな話はできないのかな」とか考えて、どんどん気持ちがこじれていって、「結婚したらお財布も一緒になって、いろいろと大変じゃない?」とか、言わなくていいことを言ってしまう。

犬山 壮絶なマウンティングも原因を考えていくと、なんだか可愛いってことがわかりますね。もともとは好き同士で友達になった子たちがそうなるわけだから。

瀧波 結婚した側も相手が自分に対して言いたいことを抱えていて、それを素直に言えなくて、ついイヤなことを言ってしまうのはわかっているんだよね。だけどつい言われたことに反応して、マウンティングを仕返ししてしまう。冒頭のマンガのパターンですね。

犬山　終わらない戦いがここに！

瀧波　結婚すると、友達に新居を見せるというイベントがあるじゃないですか。今まで1Kに女の子に限らず、結婚するとそこそこ家が大きくなるよね。今まで1Kに暮らしていた子が2Dkや2LDKに住むようになって、それを1Kの子が見に行くという。私も結婚したとき、新居の賃貸マンションに友達を招いたんですよ。いま考えたらひと通り部屋を見せる必要なんてないんだけど、そのときはなんだか間が持たなくて「ここがこうで」みたいなかんじで案内してしまって。彼女は気持ちよく部屋を見てくれたんだけど、最後にポツリと「キッチンの位置だけはいまいちだね」って。あれ、祝う気持ち前提で来てくれたんじゃないの？　という。

犬山　相当うらやましかったとみました。

瀧波　これはマウンティングまでいってない話かもしれないけれど、キッチンの位置って意外と核の部分で。この家を選んだ以上、もう変えられないことだから「いいとこ突いてきたな」と（笑）。

犬山――何か言わないと、気持ちに折りあいがつけられなかったんでしょうね。それにしても、どうやったら既婚女子と独身女子は仲良くなれるんだろう。お互いに寂しい気持ちになっているのはわかっているのに。

瀧波〜〜正面切って愛情表現をするのと同じように、うらやましいって気持ちを素直に言えればいいんだけどね。それがむずかしい……うらやましいって気持ちは、血反吐《へど》が出るような気持ちだったりもするから。私も自分が1Kのボロボロの家に住んでるとき、結婚した友達の家に遊びに行って、つい難癖つけたくなっちゃったことがある。そこで「うらやましい」なんて言ったら、たぶん、ちょっと涙が出ちゃってたと思う（笑）。

犬山――独女（注：独身女性の略）からのマウンティングで、「妊娠したりとか、あかちゃん産んでる人って乳首黒くなるんでしょ？」ってボディ方面をえぐるパターンもありますよね。

瀧波　そ、それは！

犬山　独女がどうしてもやり返したいときの切り札ですよ。乳首や妊娠線はいつかブーメランで自分に返ってくるかもしれないのに！

瀧波　言われた方は本当に血の涙を流してると思う。「うぐっ！」ですよ。

犬山　私の友人に「妊娠してこんなに乳首黒くなったよ」ってわざわざ見せてきた子がいて。究極の腹見せ行為じゃないですか。この子には何があってもマウンティングしないぞ！って思いました。う〜ん、実際、既婚女性にマウンティングされたことってほとんどないんですけどね……。あ、ひとつ思い出しました。既婚女子が繰り出す軽いマウンティングとして、「そんな時期もあったよね」っていうのがありますが、この間「私はまだ現役バリバリで不倫を楽しんでますよ」って人妻がいて。女であり、母でもあるという全能感がすごかった。

瀧波　「ダンナさんとこんなにラブラブで♡」っていうほうが、マウンティングとしてハッピーなのに。

犬山 「女はいつでも恋してないとね」「アンタたちもいつか結婚するんだろうけど、それでも恋はしてなさいよ」みたいなアドバイスがもれなくついてきた。太刀打《たち》ちできないですよ。既女同士でもあることだと思うんですけど、これもコンプレックスの裏がえしなんですかね？

瀧波 結婚している自分に自信がなくなったとかなのかなあ。不倫を武器に使われると、結婚のなれの果てがこれなのかと思って悲しくなりますね。

犬山 結婚が人生の墓場という通説が根深いので、「ダンナとラブラブなの」って話のほうが希望につながりますからね。マウンティングしないで事実を言ってくれたら、独女にとってもすごくいい情報になるのに。

瀧波 私が独身の頃は既婚の子と話すとき、相手がすぐに不愉快にはならない程度にさりげなくチクチクやりあって、満足したらあとはさんざんノロケ話を聞いて、それでトントンだと思ってた（笑）。最初に軽く発散させとくと、人の幸せ話をただ「いいなあ」って思いながら聞けるし、それも乙なものだなあって。

犬山　ノロケるほうはノロケるほうで、ストレス解消になりますしね。

瀧波　そう！　なのに世間では「ノロケちゃダメ」「ノロケはタブー」ってことになってる。マウンティングに使おうって魂胆がないなら、ノロけてもいいと思うんですよ。

犬山　相手によってはありですよね。ちゃんと人を見なきゃいけないけど。

瀧波　自分がこのへん（胸の高さを指しつつ）って位置づけていた人が、ここ（あごを指しつつ）に来るのは嬉しい、（頭を指しつつ）ここまでくるのはイヤみたいなことなんですかね。

犬山　幸せにはなってほしいけど、あまり遠くには行ってほしくないという……。

瀧波　女の人って、すごいお金もちと結婚してダーン（腕を突き上げつつ）みたいなことがあるから、自分のまわりにいる誰にそれが起きるかわからない。

女の人生、ほんとハラハラドキドキですよ。

マウンティングシミュレーション

既婚女子×独身女子

既婚女子［瀧波］　独身女子［犬山］

犬山：昨日、みんなで泡会やってさー。シャンパン開けまくり！美味しかったけど、二日酔いでさ～。ユカリは、ここしばらく飲みに行ってないんでしょ。

瀧波：そうだね～、夫が家にいてほしいっていうから。❶

犬山：（クッー）や～ん♡　ラブラブだね！　そっか～、ダンナさん、束縛する人なんだ～。

瀧波：そうでもないんだけど、独り暮らしの頃、独りのごはんって

❶**「うらやましがらせたい」**という気配を感じたら、シンプルにうらやましがらせで返す。

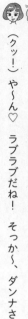

寂しかったからさ。「お互い忙しくても夜は一緒に食べようね」って決めてるの。だから不自由しちゃってる～。遊びにいけないのはつまんないけどね。

も～！　ノロケじゃん！　いいな～♡　でも同じ人とずっと一緒って張り合いなくなって老ける①よね～。ユカリにも幸せジワが♡

よく二人で旅行に行くから紫外線浴びまくりで～。もう、そっち側には戻れなくなっちゃったかなあって気がする❷。ラーメン屋に入るのも今や二人じゃないとって感じだし。紙子はいつも独りで行動しててカッコいいよね～。私はカッコ悪い女になっちゃったかな～。

女を捨てちゃった②、みたいなこと？

妻になったって❸ことかな。

でも、ユカリって結婚してまだ一年でしょ？　三年ぐらいす

①**幸せ勝負**を**ルックス勝負**にすり替え。

❷**「そっち側も魅力的だけど、こっち側が楽しすぎて!!」**というニュアンスでカドを立てない高等スキル。

②既婚女子への**キラーワード**。

❸**とどめの決め台詞!!**

ると、「早くダンナ死なないかな～」ってなるらしいね。

でも、安心を買った❹ところもあるんだよね。明日、私が仕事辞めても、しばらくはダンナの稼ぎで食べていけるからさあ。

なるほど～。私フリーランスだから、それいいなあ。ま、でも私にはダンナが稼げなくなったときに二人分稼ぐのムリだから別にいいや。小心者だからさ～（笑）③。あと安定より刺激を求めちゃう（笑）。

紙子はそういう人だよね。わかる～、私もそういう時代があった❺から。一緒にクラブとか行ったよね。

でもさ、今の遊びはそうじゃないっていうか。あ、ユカリはあんまり知らないか。

今の年でクラブに行く楽しさを知ってるなんて羨ましいな。これからもずーっと楽しめるもんね。

クラブって言えば、この間、十歳ぐらい年下の男の子に声か

❹夫、家、子どもの高い私立の学校などのスバラシサを一言で、イヤミなく伝えられる便利な言葉。

③さりげに相手のリスクを示す。

❺訳：「**あなたの今は私の過去**」

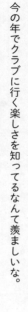

けられちゃって。軽く見られてるのかなとも思ったんだけど。④
デートが楽しいんだよね。

そこから始めるんだ～。❻ でも、十個も下だとちょっとむずかしいんじゃないの？

違うよ～。その子はたくさんいる中の一人♡　私はまだ、いろんな男の子と楽しみたいっていうか。

私の場合は自分で決めたというより、捕まっちゃったかんじだから。なんかウチの夫、キモいじゃん？❼ 思いこみが激しいというか、私が紙子みたいにいろんな男と遊んでると思いこんじゃって、ガッと捕獲しにきちゃったんだよね。

ユカリ、遊んでるどころかピュアすぎて彼氏ずっといなかったのにウケるよねー。ダンナさん、童貞だったんじゃない？⑤
（笑）。私はちょっと合わないかも。

お金ばっかり持ってくるしねー。❽

④**自虐自慢。**

❻感嘆したように言うのがポイント。訳：「**ゴールまでずいぶん長い道のりになりそうですが大丈夫ですか？**」

❼少し上に出すぎたかなと思い、一カ所下げて調整。

⑤相手がみせたスキは逃さない。

❽下げたところをピックアップされムッときたので、一番言いたいことをサバサバと言ってみた。

お金は自分で稼げばいいかなーって思ってる。子どもも欲しいし、イケメンがいいなあ。

そこまで考えてるなら結婚したほうがいいんじゃない？

目星をつけてるのは何人かいるんだけど、まだ決めなくてもいいかなって。

これから決めるの？　子どもが欲しいんだったら、年齢の問題もあるから急いだ方がいいと思うよ？

子どもは欲しいけど、どうグレるかもわからないしさあ。

私もまだ子どもは考えてないけど、いつできてもいい状態ではあるからさ。❾神様に決めてもらえればって。

ユカリとダンナさんの子だったら、愛嬌のある子になりそう⑥だよね。私はいま、トムって外人と仲がいいんだけど、ハーフもありかなと思ってさ。

紙子って英語できなかったよね？

❾**条件はすべてそろっている!!**という余裕を見せつけ。

⑥「カワイイ」や「頭が良い」というわかりやすい褒め言葉ではなく、「愛嬌」という**逃げの褒め言葉**をワザと使う。

これが意外と通じるんだよね。トムが私のコトを理解してくれてるっていうか。まあトムも選択肢の中の一人ではあるんだけど。

うーん、向こうからガンガンきてくれる人を見つけた方がいいかもね。そしたら、黙っててもその人のものになれちゃうから！

人の所有物になるっていうスタンスは向いてないかなー。古風なタイプのユカリにはいいかもしれないけど、私は価値観が新しめなタイプだから。

そっか。紙子はその方が合ってるかもね。四十歳ぐらいになっても一人で楽しそうにやってる紙子、全然想像できるし。いいんじゃない？　独身の星って感じで。⑩

そうかもね〜（棒読みで）。そういえば、お金をたくさん運んできてくれるっていうユカリのダンナさんの仕事って何だっ

⑩そんな君もイイネ！　とプロデューサーのように認めてあげる技。

たっけ？⑦

あー、よくわからないんだよね。⓫トムはけっこう、土地持ちの資産家みたいなんだよね。あ、写真の見せっこしようよ。⑧私のトムとさ。

（写メを見つつ）うーん、よく見れば白人ってかんじだよね。⓬もっとハリウッドっぽい人を想像しちゃったんだけど、意外とぽっちゃりしてるね。

身長が高くて、一緒に歩いていると女の子に振り向かれたりするんだけどね。ユカリのダンナさんも見せてよ〜。

えー、キモいよ？　キモいよ？⓭

（写メを見つつ）あ〜、このタイプね〜。いいじゃん！　ゆるキャラみたいで。ドキドキはなくても癒されそー。⑨

そうそう、家庭持つなら優しい人って思ったしね。キモかわいい的なかんじでさー、「ちょっとぉ、キモいよ〜！」って

⑦**根掘り葉掘り**
⓫細かく話すとあげ足をとられるので、ボカして危機回避!!

⑧**男ポケモンバトル**
マウンティストの写真の見せあいっこは自分の男のルックスの勝ちを確信している時にくり出される。

⓬「白人」だけがアピールポイントと知ってのこの一言。

⓭出す前に思い切り下げておく。

⑨異性としての魅力は褒めない。

イジメてるんだ♡⓮

⓮ネガティブワードを逆手にとって、**一気にのろけに持っていく!!**

第五章
マウンティングの回避法

ノーガードの証「腹見せ」

犬山　今のところ結婚の予定がないにもかかわらず、みんなから「結婚の準備って本当に大変」って話を聞くので、「結婚式はやりたくないな〜」って思ってるんですよ。「子育てしてると仕事ができない」って話もよく聞くし……。

瀧波　「結婚式、楽しかったー！」とは言えないからだよ！　「大変だった」というのは実は〝腹見せ〟で、「結婚したことで、あなたをマウンティングするつもりはありませんよ」というポーズだから。

犬山　そうだったんだ！　真に受けてました……。

瀧波　腹見せをしすぎると、世の中が「人生は楽しくないよ」ってメッセージだらけになっちゃうんですよね。だから、現実を見誤る人が出てくる（笑）。

犬山　そうですよ！　「準備に半年もかかる」とか「招待状を誰に送る送らない

で超悩む」とかネガティブなイメージを植えつけられて。

瀧波 それを言うことで、一歩先に行っちゃった感を打ち消そうとしてしまう。「結婚式なんてたいしたもんじゃないよ」って。でもそれが相手のためになっていない！

犬山 〝腹見せ〟の意外な闇が見えてきましたね。

瀧波 女が長年かかって編み出してきたマウンティング回避法のはずだったのになあ（笑）。でも、腹見せには〝楽しい腹見せ〟と今出た例のように〝不毛な腹見せ〟があると思うんです。

犬山 「結婚式や子育ては大変だ」ってことさら言うのは、世界を不幸にする不毛な腹見せ。

瀧波 楽しい腹見せっていうのは大喜利みたいなもの。ネタ系自虐をかぶせていくから、みんなが笑えるはずなんだけど、これがけっこうむずかしいんだよね。センスが問われると言うか。

犬山　まさに。かといってへりくだりすぎると嫌味になってしまいますもんね。

瀧波　「もういいよ、そこまで言わなくても！」って、こっちがいたたまれなくなってしまうもんね。

こんなにあった腹見せの弊害

瀧波　ずっとダメダメなあばずれバカみたいなキャラで生きてきた私が、いきなり彼氏ができてトントンと結婚することになったとき、まわりからのすごいザワめきを感じました。「どうする？　どうする？」みたいな。

犬山　「あの子をこういうキャラに設定していたのに！」みたいな。私も彼氏がいない期間が長かったので、彼氏ができた当初はまわりもどう扱っていいのやらみたいなかんじでしたよ。

瀧波　腫れものに触るような感覚。でも、すごくわかるんですよ。「ユカリがいるから大丈夫！」ってみんな思ってたし、そもそも私が自分から「私がいるから大丈夫だよ！」ってキャンペーンはってたし（笑）。

犬山　私もやってましたね。

瀧波　私の場合はそれが連続で来ちゃった。漫画家デビューした時も、ずっとダメダメ貧乏フリーターキャンペーンはってきた手前、気まずくて周りに言えませんでした。必要以上に卑屈さを前面に押し出して生きてきたから、真っ当な情報を出せなくなってしまって。普通に生きてたら、普通にまわりに話してたと思うんだけどね。

犬山　これも腹見せの弊害ですね。

瀧波　そうかもしれない。「仕事と男に関してはまったくダメでーす」と言いながら生きてきたので、たまたま連続してうまくいってしまうと確実にザワつきが起きる。そのメカニズムを知ってから、多少マウンティングされても笑って許せるようになりました。もとはと言えば、私が腹を見せすぎていたのが間違いなんだし。

犬山　私も「ニートでーす」ってところから本を出して、「男いなくて寂しいでーす」ってところから彼氏がデキたとき、自分の中でザワめきが起きましたよ。あれ？　自虐ができなくなったら話すことがそんなにないぞ！　みたいな……。自虐で身を守るってすごく簡単だし、ぬるま湯なんですけど、そこから脱却するとき、自虐しないでどうやっていくかっていうのはむずかしい問題ですよね。

瀧波　まったく別のスキルを磨かないといけない。マウンティングも腹見せも経験して、苦しんで、やっと大人が身につけるものに目がいくようになる。

犬山　ほんと、そうですよね。

瀧波　イヌみたいに腹を見せて「私は攻撃しません」ってポーズをとったり、「私の方が立場が下でーす」みたいなことに終始して生きてきて、やっとそうじゃない方向に活路を見いだしたとでもいうか。でも、やり続ける人はやり続けるんだろうし。

犬山　腹見せにやりすぎなんてないでしょうって思いがちなんだけど、やりすぎると本当に後々の自分を苦しめるから要注意。

瀧波　自分が誰かより立場が上だとか下だとか、そういうポーズを取っちゃいけない。自分と人とを比べない。

犬山　超真っ当！　でも、そういうことですよね。誰にでも人と自分を比べてしまう気持ちはあるし、急には自分を変えられないのは事実。そこは、うまく「マウンティング」って言葉を使いながら、飼いならしていってほしいところです。

マウンティングヒストリーを考える

犬山　瀧波さんって、自分にマウンティング欲が芽生えた頃のこと覚えてます？

瀧波　大学に入って、まわりに彼氏ができだした頃かなあ。うーん、高校あたりからだったような気もする。

犬山　私は中学受験に失敗したあたりですね。自分の行きたい中学ではなく滑り止めの学校に入ったことで、「ここ滑り止めだし」みたいな感じでまわりを見下すようになったんです。そして始まるプロデューサー型マウンティング（笑）。

瀧波　同じ学校にいるという時点でほぼ同じなんですけど、なんとか口で上下関係をはっきりさせようとしたんだ。

犬山　まさに！「私がいろいろ教えてあげるね」って感じで、岡崎京子のマンガを無理やり貸したりとか。

瀧波　岡崎京子は本当にマウンティングアイテムですよね。岡崎京子のマンガを貸すことで、「私、こんなセックスしてるのよ」みたいな。本当は処女なのに（笑）。しかし、自分のマウンティングヒストリーを考えてみると、自分が何型のマウンティストかわかるから対策を練りやすいね。かくいう私は、犬山さんみたいにはっきりと自分のマウンティング欲の芽生えを思い出せないんだけど。そういえば私、一つ上の姉がいて、すごく競いあう関係だったんです。姉は社交的で明るくて、バカっぽいのがウリ。ヤンキーなんですけど。

犬山 マンガで知ってます（笑）。そして、たまに核心をついてくるんですよね。

瀧波 うん。だから好き（笑）。当時の私はちょっとマジメで勉強もそこそこできて、サブカルにもちょっと詳しいから、「私の方がイケてる！」と思っていて。姉は「ぷーん、頭がいいだけじゃん！」みたいな。殴りあいのケンカもしたし、口でもやりあったなあ。

犬山 お姉さん、おもしろい！

瀧波 姉は姉で勉強に関してはコンプレックスがあったと思うし、私は私で友達が多い姉に嫉妬してた。私が普通に歩いているだけで、知らない男の人から「○○（姉の名前）の妹だ！」って言われるぐらい姉は顔が広くて。しかも、マジメな子から見たヤンキーって、「私の知らない世界を知っている」みたいなキラキラした感じがあるじゃないですか。それを認めると辛いので、ことさら自分は立場が上だってアピールしたくなって。

犬山 兄弟、姉妹は多少なりともそういう思いを抱えている人が多いのかな。

瀧波 私の場合、そんな環境にいたからスキルがあがっちゃったんだと思う。毎日がマウンティング虎の穴みたいなもので。

犬山 姉妹は特にスキルがあがるかもですね。私は姉と弟がいて真ん中なんです。で、マウンティングのもととなるコンプレックスは抱いてましたね。同じ高校に通っていた姉が「犬山さんのお姉さんって本当にかわいいよね」ってよく言われてて。姉をほめられると嬉しい半面、「でも妹の私は……」ってなっちゃう。それもあって、外見のコンプレックスがひどかったんですよ。姉のこと大好きだし、実家のことをやってくれる姉には頭が上がらないんですが、子どもを産んで仙台に帰ってる姉に対し、華やかになってきた仕事の話とかをしちゃっている。

瀧波 お姉さんはそのときどんな感じ？

犬山 笑ってますね。私は私で東京でしか手に入らないようなおみやげを買って、それを渡しつつ仕事の話をする。できた姉だなあ。あ、今まで無意識だったけど、これもマウンティングなのかな。

瀧波 いま、怖いことをさらっと言いましたね？（笑）

犬山 世間としては、「妹が姉に仕事の話をする」って悪いことにならないじゃないですか。

瀧波 そのあたりがマウンティングの妙なんだよね。自分に関係ない話を延々聞かされたとしても悪いことにはならない。

犬山 気づかないうちにやっちゃってるんだなあ。たまにお姉ちゃんが、「東京の友達に全然会えない」ってつぶやくのを聞くと、やましい気持ちになります。

瀧波 そっかあ。姉妹もそうだし、親子のマウンティングもあるよね。そもそも、親って自分と子どもをまったく別物として考えられないところがあるから、マウンティングして当たり前になっちゃうのかもしれない。

犬山　絶対的な愛情のもとになら何をやってもいいっていう。

瀧波　最近、テレビでちょっと気になる親子を見たんです。ダンスで有名になった女子高生がいて、そのコのお母さんが、「この子はナルシストなところがあって、見られることを楽しんでいるんです。私だったら恥ずかしくてムリですね〜」ってインタビューに応えてた。なんだか怖いなと思って。

犬山　子をけなす親っていますよね。親からずっと、「お前はブサイクだ」って言われて育ってきた友達もいます。

瀧波　自分の人生に納得がいっていないから、そういうことを言ってしまうというのもあるのかも。さっき話したお母さんは、昔はそうとうチヤホヤされてたんだろうなという雰囲気の美人だったのね。娘は今が女の盛りのような可憐な子で、大会で日本一にもなって騒がれているし、少しまぶしいような、うらやましい気持ちがあるんだろうな。

犬山　嫉妬ですね。『ヘルタースケルター』（注：全身整形したモデルが主人公の岡崎京子のマンガ）だ！

瀧波　「そんな恥ずかしいことをやれない自分の方が女として上ですよ」ってことを娘に言っているようなものですからね。

犬山　親はすべて正しいみたいな風潮が、子どもをしんどくしていることもあると思います。子どもは自分でもそう思っちゃうし、世間もそんな感じだし。

「これマウンティングかな？」と思ったら

瀧波　この章ではマウンティングの回避法を話せればと思っていたけれど、なかには買ってもいいマウンティングもあると思うんです。たとえば、売られたマウンティング。

犬山　〝やさぐれ女子×純朴女子〟のところでも言いましたけど、キレイにマウンティングを決められると、ポカーンとしちゃってすぐに二の句が継げなくなっちゃうんです。売られたのに、買えない（笑）。そういうときってどうやって切り返せばいいんですかね。

瀧波　人と会話してて「あれ？　おかしいな」と思ったとき、適当に流してしまわないで、「ちょっとトイレに行ってくるから、このまま待ってて」って、三分ぐらいの猶予《ゆうよ》を作る。そして、たったいま言われたことを紙に書き出してみる。

犬山　なるほど。別にウマいこと言ったり、キレイにマウンティングで返すんじゃなくてもいいわけですもんね。ただ言い返すだけで。

瀧波　「その言い方はちょっと傷つくな〜」とか、その場でストレートに返せれば一番いい。一日経ってから「あの言い方はどうかと思う」みたいなメールを送ると角がたつし。

犬山　「一日中、そのこと考えてたんだ」って根に持ってる風に思われるのもイヤだし。

瀧波　切り返し方と瞬発力が大事。

犬山　瞬発力に自信がない人は、瀧波さんが言ってたみたいにタイムを取るといい。「私いま、ちょっとモヤモヤした気分になってる。よし、タイムを取ろう！」って。

口数を減らす

犬山　自分以外は全員モデルみたいな集団の中にいたら、マウンティングされてもいないのに、気後れからマウンティングされてる妄想に陥ることってあるじゃないですか。いわゆる、シャドーボクシング。

瀧波　私もそんな中にいたら、みんなの笑顔がかわいいというだけで自分でも勝負できるものを探してしまうな。顔でも服でもムリなら、しゃべりやボキャブラリーでは上だということを何かにくるんで投げてみようって。それ

犬山　で、よけいなことを言っちゃう。

瀧波　それをしないための対処法ってあるんですかね？　明らかに自分よりスペックの高い人たちの集団に入ったとき、劣等感や被害妄想を抱かず、マウンティングモンスターにもならない秘訣。

犬山　余計なことを言わない！　いっそ、黙る！（笑）。私もそうなんだけど、マウンティングしてしまいがちな人って、テンポのいい会話を次々に繰り出さなければならないという思い込みがあるから、思いついたセリフを吟味しないで口に出してしまうんだよね。五秒考えれば後から後悔するってわかるのに、口が滑っちゃう人って多いと思うんです。

瀧波　私もそうだ！

犬山　全体を見て、ゆったり構えて本当に言いたいことだけ言えば、場って成立するんですよね。別にがんばる必要はない。

瀧波　みんな「間が空いちゃダメだ！」って焦りがありすぎるんですよ。

瀧波　そんなときこそポロッと言わなくてもいいことを言ってしまう。不用意に人を傷つけるぐらいなら、盛り上がらなくてもいいじゃないですか。盛り上がらなくて気まずいだけなら誰も傷つかないんだから。

犬山　がんばりすぎないというのは、マウンティング回避法の一つかもしれませんね。

瀧波　発言を控える自制心が必要。マウンティングすると、他人にイヤな思いをさせてしまうという自覚も。

犬山　ママ友やマンションの自治会みたいに抜けられない集まりの中にマウンティストがいるときは、はなから諦めの気持ちでいくという裏技も。「この人、こういうことを自慢してくるんだ〜」と心の中で少し見下せば、「へぇ〜、すごいんですね」なんて褒め言葉が口をついて出てくる。

瀧波　「あの子、変わってるから」という不思議ちゃん枠に入るのも有効だよね。ムリに話をあわせたり、空気を読んだりしなくても、「そういう子だから」と思ってもらえる。

犬山 それも処世術ですよね。

「私、マウンティングに気づいてますよ」

瀧波 さっき、不思議ちゃん枠に入るって話をしたけど、それはそれで諸刃《もろは》の剣。なぜかというと、〝いじられキャラ〟になってしまう可能性があるから。

犬山 というと？

瀧波 不思議キャラを演じていて、「○○ちゃんって××だよね～」って意図していない方向にいじられたとき、一度でも嬉しそうにすると、そこからどんどんいじられていくから。イヤな方向にいじられたら、「そういうこと言われたくないなあ」って即座に意思表示したほうがいい。

犬山 「私はいま、あなたにマウンティングされていることに気づいてますよ！」というアピールですよね。延々とマウンティングされるまえに釘をさしておく。

瀧波　「あなたの策略に気づいてますよ」というメッセージを出せば、しかけた側は「しまった！」と思う。私、わざわざマウンティングという言葉を広める本を出す意義って、そこにあると思っているんです。もし、この言葉が広まったら、「も〜、マウンティングしないでよ〜（笑）」って朗らかに言えるんですよ。それってすごい効果的なマウンティングブロックだと思うんです。

犬山　グループ内に「この言動はダメだ」という共通認識ができれば、摩擦も減りますよね。

瀧波　女子会で自分の友達が誰かにマウンティングされていたら、「ちょっと、この子のことマウンティングしないであげてよ〜」って言ってあげられるし、幸せいっぱいの友人に対して、「ごめん、今ちょっとマウンティングしそうだから、外の空気吸ってくるわ」ってダウンタイムを設けることも

マウンティングの回避法

©瀧波ユカリ

できる。

犬山　それが言えたらラクだよなあ。だけど、「私はマウンティングのつもりなんてなかったのに、マウンティングという言葉が浸透したために、そうくくられてしまった。どうしてくれる?」みたいな反発もあると思うんです。

瀧波　できた言葉に対する弊害を考えるのではなく、うまく使いこなすことを考えていければいいんですけどねぇ。たとえば、「いい時計をつけてみんなの前でチラつかせることがマウンティングになるなら、もう時計がつけられなくなるじゃん！」という方向に考える人、絶対にいると思うのね。でも、時計をつけていって「これ、マウンティングっぽいけど違うからね〜（笑）」って風にうまく使って欲しい。

犬山 時計していたとしても、それを使ってマウントポジションをとる行動をしなければマウンティングにならないワケですしね。今まで感じていたモヤモヤや罪悪感を解消できる、ポジティブな使い方ができるということをわかってもらえれば嬉しいですよね。あと、男が「女って恐いよな」って話題でひと盛り上がりするときの材料にしないかという懸念もあります。男の人だってマウンティングしてるはずなのに。

瀧波 たしかにマウンティングは女に限った話じゃないよね。女の方が言葉巧みに悪意をベールに包みこむぶん、今までこの手の話題が表面化しなかっただけというか。それで今、ここで定義や解決法を話しているわけで（笑）。

男の人同士のマウンティングは、寝てない自慢とか年収自慢とか、わかりやすすぎてあえて掘り下げる必要もない感じ。

犬山　マウンティングの根っこにはコンプレックスがあるという話を最初にしたじゃないですか。男性でも非モテだった人が結婚した途端、こっちがお願いしてもいないクソバイスをメルマガ状態で送りつけてきたり、女性っぽいマウンティングをしてくるケースもありますよね。

瀧波　そもそも、「女って恐い」という言葉自体、マウンティングの匂いがするよ。「お前たち女は、ピュアな俺たち男より下なんだぞ」って（笑）。

ヤンキーに学ぶ回避法

瀧波　突然だけど、ヤンキーってかなり世間からマウンティングされてると思うんですよね。「スウェット着てる、爆笑～」みたいな。

犬山　ヤンキー取り扱ってるテレビ番組なんかもマウンティングしてますもんね。

瀧波 あらゆる層から「お前らは下だ」ってマウンティングされてる。でも、ヤンキーって地元でマジメに働いて、子どもも作って、がんばって家も買って、ちゃんとしてるんですよね。しかも、世間からいかにマウンティングされようとも腹を立てない。まあ、その声が届いていないという話もありますが……。いい人たちなんですよ。それなのにどうして世間の人たちは、ヤンキーをマウンティングするんだろうって。

犬山 大人になったヤンキーのよさってありますけど、学生時代のヤンキーって人を殴ったり、悪いことをしたりしているのにモテるじゃないですか。普通の人はそれに対するルサンチマンが溜まりますよね。そのまま社会に出てちょっと稼ぐようになると、引きずっていた想いが爆発して、ヤンキー全般をマウンティングしてしまうんじゃないでしょうか。中には人に迷惑をかけていない人がいるのかもしれないのに。

瀧波 DQNネームを笑う風潮もそうだし、そもそもDQNって言い方がマウンティング！　なんだか、ヤンキーのことをマウンティングするのはみっともないなあって。

犬山　ギャルもそうですよね。私、それまでバカにしてたのに、高二でギャルに転向しましたから（笑）。「ギャルなんてバカだし、おしゃれじゃないし。私はモードを着る！」なんて言ってたんですけど、イモ臭いのに高くて似合わない服を着てる私より、メイクでどうにでもできて安くキャッチーな服を買えるギャルの方がかわいくなる。極めつきは審美眼のあるオタク仲間の女子が、「ギャルやって、ルーズソックスをはいてる方が賢いよね」って言いだしたこと。たしかにそうだなと思って、一気にギャルに鞍替《くら》えしました。そしたらまあ楽しかった！　ギャルを見下してた頃は固定観念に縛られてたんですけど、ギャルになってからは迫害されてもなんのその。みんなでデパートのトイレでキャッキャと化粧したりして。一体感があるとマウンティング心は息をひそめるんですよ。

瀧波　ギャル間マウンティングはなかった？

犬山　私と友人にはなかったけど、彼氏がラッパーとか、ショップ店員とか、DJとかそういうしょぼいマウンティングは周りにあったかな。マウンティングというよりはもっとわかりやすい、ただの張り合い。

瀧波　どれも大差ないよ！（笑）。

犬山　DJの彼女だとVIPルームに入れるんです（笑）。両方見てたから思うんですけど、やっぱりサブカル界とか文化系のマウンティングの方が自意識が発酵している分根深い気がする。

瀧波　それはわかる気がするな。二十代の初めに中学の同窓会があったので、地元に住んでるヤンキーの人たちを想定して、都会の香りのするマウンティングファッションに身を包んでいったのね。時計もちらつかせたりして（笑）。そうしたら、ヤンキーだった子たちが超優しくって。「すごい！東京っぽい！」とか「東京の大学かあ。頭よかったもんね」「芸能人に会ったことある?」って。

犬山 ノーマウンティングだ！

瀧波 「ユカリと話してると、自分が訛《なま》ってるのがわかる〜」みたいな。自分の生き方に不満がないから私を否定する必要もない……。自分のジャンル外の人たちに偏見がないというか、ヤンキー聖人説ですよ。十八歳で単車を降りたりハラくくる年も早いし、そこからブレない。ああ、ヤンキーさんって「さん」づけしたくなってきた（笑）。

「好きだよ」と言ってみる

犬山 実はマウンティング回避のため、意識してやってることがあるんです。

瀧波 なになに？

犬山 友人にも「好きだ」「愛してる」を口に出して言う！ マウンティングって、相手にしてもらえない寂しさとか、「アンタのことなんて興味ないわよ」って態度から発生することが多いわけだし、それをそのままにしておくからこじれるのかなと思って。とにかく、好きな友達には好きだという感情を伝えるようにしてるんです。

瀧波　私もそれで姉とのマウンティング合戦が終了したんですよ。姉が私に見下されていると思うあまり、一度、関係がこじれたことがあって。「これは言うしかない！」と思って、姉に「ちゃんと昔から好きだと思ってたよ」って伝えたんです。実際にそう思ってたし。それからですね、関係がよくなったのは。

犬山　同性同士って、あんまり「好き」とか言わないじゃないですか。でも、同性同士にだって独占欲だったり、寂しい気持ちがある。だったら私はあなたのことを大事に思ってますよってことは伝えた方がいい。

瀧波　（うなずく）仲がよくなればなるほど関係が深まっていく人と、人づきあいが雑になっていく人っていますよね。そういうときに「好きだよ」って言えたら、かなりマウンティングを回避できるんじゃないかな。

何をしかけられてもフラットな「聖人」の域へ

瀧波 結婚やら何やらで、今までにも何度か「マウンティングをやめよう！」って思う瞬間があったんですけど、決定的に「もうやめよう」と思ったことがあって。もしかしたら、それが一番のマウンティング回避法かも。

犬山 なんですか、それは？（乗り出す）

瀧波 かっこいい彼氏がいて、仕事も成功していて、顔もキレイだし知名度もあるっていう完璧な友達ができたとき。何でも持ってるからというのもあるかもしれないけれど、マウンティングどころか少しの自慢もしないし、「私みたいになるにはどうしたらいいか」みたいな話もしない。それを見ていたら、急に自分が恥ずかしくなってきて。

犬山 うあああ！ すごくわかる！ 私は自分のことをすごくプライドが高いと

マウンティングの回避法

©犬山紙子

思っていて、しょっちゅうそれをアピールしていたんです。でもそれって、ロクなことがないんですよね。自信満々で人のことを見下すわ、人の意見は聞かないわ、ちょっとでも自分の非を責められたら感情的になってしまうわで。中身の伴わないプライドのせいで、マウンティングしちゃうことがよくあったんです。ところが、瀧波さんが言うように、全然マウンティングしない人がそばにいたら、自分のことがすごく恥ずかしくなってきて……。

瀧波 そういう人にマウンティングをしかけてものれんに腕押しっていうか。

犬山 マウンティングが通用するのって、お互いに何かしらのコンプレックスを抱えているときなんですよね。

瀧波 お互いに「相手よりも自分の方が幸せだと思いたい！」って気持ちが根底にあるから。

犬山 まさに昨日、聖人みたいな人に会って、自分はなんて恥ずかしいことをしたんだろうと。

瀧波 昨日、聖人に会いましたか！（笑）。

犬山 会いました。「聖人に会う」って一番の回避法ですね。マウンティングしてしまうのって環境の影響もあると思うんですけど、聖人のそばにいるということは環境が浄化されていくということだから。

瀧波 聖人との会話ってごまかしが効かないんだよね。たとえば、相手をマウンティングしようと思ったら、最初に相手のことを「○○ちゃんてすごくかわいいよね」って褒めるじゃないですか。相手をいい気分にさせるプライベートな話を引き出したり、自分といると楽しいと思わせて、最終的には崇拝させる（笑）。

犬山 黒い！（笑）。

瀧波 そんなワナをしかけても、聖人は常にフラットで動じないんですよ。邪険に跳ね返すでもなく、意図的にワナにひっかかることもなく、そういうことをする私に「ゲスいな」という視線を浴びせることもなく。こっちは打ったパンチが空を切るだけというか、とにかくレベルが違う。

犬山 いいな〜、聖人。聖人を見つけたら超ラッキーですよね。

瀧波 すごくラッキー。そういう人と接すると、自分もフラットになって会話を楽しみたいって気持ちになる。仕事とかで偉い人に会うと、フラットな人が多いんですよね。そういう人とは勝負してもしょうがないと思うし。

犬山　年が近くても聖人はいますよ。しかも、聖人は連鎖するからその周りも聖人だらけ。その聖人だって誰かの影響を受けてそうなったってことですもんね。

瀧波　聖人のそばにいると、畜生道から解脱できるんだ！（笑）。

犬山　マウンティングがこんな壮大な話になるとは！（笑）。

あとがき

この世に生を受けて三十三年、振り返れば物心ついた頃から「私のほうが上ですけど？」と小技を繰り出す人生でした。

ついついやってしまう、そしてちょっとスッキリしてしまう、でも後から思い返すと後悔ばかり。この行為に名前があればいいのに！　と思い、「マウンティング」と密かに名付けたのが二年ほど前。ほどなくして、犬山さんとの対談の際にマウンティングについて説明してみたところ大変盛り上がり、これは一冊ぶん語り尽くしたいですね……という話になった結果、このような形で発表することとなりました。

本書を読まれた人の中には「マウンティングは悪だ」と解釈する人もいるかもしれません。私自身、自分の繰り出したマウンティングについて思いをはせる時、罪悪感に苛《さいな》まれるのも事実です。しかし、ヒトでもイヌでもサルでも、群れる生き物は決して勢力争いから逃れられません。でもあらかじめ言葉や態度で序列をはっきりさせておけば、直接的な殺し合いに発展する可能性は低くなる。「必要悪」という言葉はあまり好きではありませんが、それに近いものがあると思います。

もちろん、殺し合いを避けるための「知恵」とも言えるでしょう。生きていく上で誰もそれから逃れられない、という意味では「業《ごう》」なのかもしれません。そして人間の女性の場合は、「場の空気を壊さないよう朗らかな笑顔を保ったままマウンティングする」というさらに高度な技術を身につけてしまった。女は笑顔で殴りあう……それは知恵者ゆえの悲劇なのです。

しかし無駄にウケを狙うタイプの人間である私としては、悲劇を悲劇のままにさせておくわけにはいかない。警鐘を鳴らしたりいたずらに責めるより、せめて悲喜劇として昇華させたい！　そんな思いで綴《つづ》った本書、いかがでしたか。マウンティングした恥ずかしさや、された悔しさが成仏した……。と思って頂けたら、これほど嬉しいことはありません。
最後に犬山さんへ。お互いノーマウンティングでここまで来られたことが本当に喜ばしいです。……って思っているのは私だけで、「瀧波さん、ちょいちょいマウンティングしてきたな〜」って犬山さんが思ってたらどうしよう。まだ今ひとつ、自分のことが信じられない私なのでした。

瀧波ユカリ

あとがき

今まで女性は得体の知れない化け物と戦ってきたことと思います。「あれ？　私、今傷ついてるけど何でだろう？」「アレ？　悪口を言ったわけでもないし、辛らつな事をいったわけでもないのに、何でこんなに罪悪感が生まれてるんだろう……？」。妙に心がモヤモヤするのにその実体がつかめない。実体がつかめないから攻略法もわからないし、対処しようがない。

でも、そんな得体の知れない化け物は、霧の中に隠れていた「マウンティング」というモンスターでした。

犬山も、この得体の知れない化け物とずっと戦っておりました。人間関係で悩み、嫌われちゃったり嫌っちゃったり。でも、対談を通して瀧波さんの提唱した「マウンティング」を理解していくうちに今までのモヤりがすっと腑に落ちたのです。

もちろん、「あれはマウンティングされてたんだ！」ってのもあるけど、どちらかと言えば「やべー、私もめっちゃマウンティングしてた！」って方が身に染みた！

懺悔しますと、私、自分のこと「性格が良い」って思ってましたからね。「私はこんなにも人に気を使ってるし、自分から喧嘩は売らないようにしてるし、あんまり気まぐれを出さないようにしてるのに、なんで酷い事言われたりするんだろう？」位に思っていましたから……。

要するに「自分が人に嫌がられていた理由がわからず右往左往していた」わけですが、これって怖いんですよ。わからないので直しようがないことが怖い！

しかし、対談することによりどんどん発覚した自分のマウンティスト魂！　そして、それに無自覚だったので、勝手に「性格が良い」って勘違いしていた自分！（どんだけ自己評価高いんだよ！）

そんなわけで、やっと自分の事を客観的に分析できたわけですが、本当に良かった！　もう、マウンティングしちゃってた友達に謝罪しまくりましたからね。ヤベーヤベー。

みなさんも「あっヤバイ」って思った箇所がありましたら、犬山と一緒にマウンティングモンスター攻略の旅に出かけましょー！

少しでも楽になれる女性が増えれば良いな、と願っております。

犬山紙子

文庫版あとがき対談

二〇一四年刊行の『女は笑顔で殴りあう――マウンティング女子の実態』から早二年。今回の文庫化を機会に、すっかり「マウンティング」という言葉が浸透した今の状況や男性のマウンティングについて、お二人に語りおろしていただきました。

日常化した「マウンティング」という言葉

瀧波 マウンティング、浸透したよね。

犬山 本当に浸透しましたよね。普段は本とかを読まない友達も普通に使っているので、幅広い層にまで広がっているんだなと。ところで、この本が出てマウンティングという言葉が広まって以降、マウンティング自体は減っているのでしょうか？ 私自身は瀧波さんとこの本を出させてもらったことを周りが知ってくれているからなのか、今はほとんどマウンティングを受けていないんですよ。

瀧波　さすがに出来ないよね（笑）。

犬山　それでしてきたら相当ですよね（笑）。そんなわけで、個人的にこの本の効果は結構あったなと思います。

瀧波　それは素晴らしい。うちはね、夫が子供を幼稚園に迎えに行った時、そこにいた園児からマンション・マウンティングを受けたよ。「〇〇ちゃんのお父さんは何階に住んでるの？」。うちの夫が「〇階だよ」と答えると、「ぼくはもっと高い階に住んでるよ！」。フレッシュすぎるだろ！　という（笑）。

犬山　子どもの数字がでかいほうが偉いという感性なのか、それとも親が日ごろ、高層階のほうが偉いとでも言っているのか……。

瀧波　両方かも！　クラス名簿のある幼稚園や学校だと、どこに住んでいるかも何階に住んでいるかもみんなわかっちゃうんだよね。

犬山　検索すれば家賃も出てきますもんね。それにしても、そんな小さな子でもマウンティングってするんですね。

瀧波　するする。最近、うちの娘は私が何を言っても「知ってる」って言いますよ。

犬山　六歳にして⁉

瀧波　家族でテレビを見ていて、ルミノール反応とかちょっと難しい言葉が出てくると、娘が「私、ルミノール反応知ってる〜」って知ってるわけないだろ！（笑）。こういう時に知ったかしちゃうのって本能なんだろうね。

犬山　誰が教えたわけでもないのに。

瀧波　三、四歳の頃って周りの大人が何でも「こんなこと知ってるの？　すごいね」って褒めてくれるでしょ。六歳になってもそれをやっちゃうんだろうね。同じことをしてるのに、前までは「すごいね」と言われていたことが、今は「知るわけねえだろ」なんだから、子供にしてみれば理不尽な話だよね。

犬山 マウンティングってそうやって生まれていくんですかね。

瀧波 親の方が物を知っているし、上から物を言うから、こんなことを知っているんだよとアピールすることで少しでも挽回しようとしているのかも。小学校のときとか、友達と話していても「ああ、知ってる知ってる」って言わなかった？

犬山 「それは昨日から知ってるわ」とか、前から知ってたアピールでも競いたくなるんですよね。あれは何なんでしょう。

瀧波 一番最後に知った人って、ちょっとないがしろにされた感があるというか。ポケモンGOが流行った時も、「あんなものをやる人を侮蔑します」って言った人がいましたよね。いちはやく流行り物を批判することで、上に立とうとする。

犬山 あの発言はかなりバチバチしましたよね。

ね。バトルが繰り広げられている一方で、プレイしている人達は普通に楽しんでいたという（笑）。もうね、マウンティングはしないように気をつけているんだけど、まれに「すっげーしたい！」と思う相手がいて。それは、日本社会に重きを置いていない若い子で、自分が自信満々であることを隠さないタイプ。どちらかというと私は「こんな私ですみませ〜ん」って自虐で世渡りするタイプで、「年上の人相手に空気を読まず、自分のことをベラベラしゃべる」みたいなことはするまいとストッパーをかけてきたんだけど、彼女たちはストッパーなんてかけないし嫌われることを恐れない。そういう、自分が絶対に勝てないかっこいい相手に何かしたくなるこの気持ち（笑）。結局、羨ましいだけなんだよね。

犬山　友達も同じようなこと言ってました。アマゾンの欲しいものリストをアップできるメンタリティーの子が無性に羨ましく、そして憎たらしくなるって。

中年老害？　困ったおっさんたち

瀧波　最近、女の人にではなく、中年男性にマウンティングされるんですよね。馴染みのお店のバーテンダーさんが、話の流れで常連の中年男性に私のことを「彼女はものを書く仕事をしていて」って紹介したんです。「へぇ、どういう仕事？」みたいな反応が返ってきたんだけど、ベラベラ自分のことを話すのもなんなので、「漫画とか文章を書いて、時々本を出しています」って説明したら、「その本って普通に本屋で買えるの？」。

犬山　腹立つなあ。自分より若い女が夢を実現させているのを認めたくないんじゃないですかね。夢なんて追いかける方がバカ、みたいに自分をなだめて生きていたらなおさら。

瀧波　その後は自虐のフリをしたマウンティングが続いて。「いいよね、そうやって夢で食ってけるのは。俺はこういうマジメな仕事に就いちゃったけど」って言いながら、俺の方が金あるしみたいな雰囲気を出してくる。

犬山 「物書きで食べてる」って言うと、金を持っていない想定で胸をなでおろされますよね。

瀧波 自由にしている人を嫌う人って多いよね。我々も相当な嫌われ者だよ。

犬山 「我々は嫌われ者」って、けっこうくる言葉ですね。いま、うわーと思いました。

瀧波 会社に所属して家族を支えているという強い意識と責任感があるからかもしれない。「俺は会社のためだったら、相手に何言われても頭下げられるよ。それなのにお前ら……」みたいな。

犬山 家族がいるから安定を選んだけど、ひとりだったらそういう選択もあったはずと、くすぐられる部分があるんですかね。どうしてほっておいてくれないのかな。

瀧波 おそらく、自分の選択に自信がないことの裏返しなんでしょうね。そういえば最近あるのは、そこそこ大きな会社に勤めている人が、俺って凝り固まっていない思考の持ち主だからアピールの一環で、「ま、お金には困ってないんですけどね」っていうヤツ。なんなの、あれ？

犬山　「これ言っちゃったほうが感じいいでしょ」的な？

瀧波　そうそう！　でも全然感じ悪いよ！

犬山　俺、そういうところで嘘つかないから、みたいな。

瀧波　中年男性なりの老いの焦りがあるから、フランクさをアピールして自分を若く見せたいとか、そういうところからきてるんじゃないかと思っているんだけど。

犬山　私も最近はマウンティング本のおかげか、若い女の子や同世代の女の子と話していて腹が立つことってほとんどなくて。腹が立つのはおっさんなんですよね、権力のある人。

瀧波　昔ながらのオヤジは腹立たないんだけど、若い時にバブルを経験してる世代だよね。見かけは若くて清潔感もあるし、SNSも使いこなして「僕は君たちと変わらない感覚の持ち主だよ」みたいなアピールをしてくるのに、おっさんくさいところがチラッと見えたりして。

犬山 この食事会、必要かなあという食事会を開きたがる。で、「俺は若者の気持ちがわかる」みたいな話を延々されるんだけど、そういう話をしている時点でわかっていない。

瀧波 たぶん、あちこちで「俺は犬山と飲んだ」って言いふらしてるよ（笑）。マウンティングされるというより、マウンティングの道具にされている。

犬山 「あいつは俺のアドバイスのおかげで〜」とか（笑）。

瀧波 そういうおっさんって同世代の男の人とはあまり話さず、若い女や部下に自分の話をべらべら喋りまくるよね。

犬山 年功序列の意識が根強いのかな。まだまだおっさんが権力を持っている世の中で、社会的に有利な立場にいるくせに、そういう人が気を使わないでどうするの？　と。そういうおっさんがマウンティングしてくると、若い子にマウンティングされるより腹が立つ。

瀧波　人間、ヘタに下の世代と絡まない方がいいのかもね。

犬山　すごくそれ思います。

瀧波　世代によって価値観の違いがあるのはしょうがないもんね。一見、物分かりのいいおっさん系アカウントが、ツイッターでやらかしたりしてるじゃないですか。

犬山　やらかしてますね。

瀧波　そこで物分かりのいいフリをしなくてもいいのになって思います。

年下にマウンティングしてしまう不安

犬山　キス動画が流行った時がありましたよね。私、あれに関しては、身近にやってる子がいたら「その人と別れたらどうするの？」って言っちゃってたと思う。でも、その子たちの世代にはそういう動画が無尽蔵にあって、別れた後にキス動画が残ってもそんなに被害を被らない文化なのかもしれない。その感覚がわからないなら、ごちゃごちゃ言わない方がいいのかなって。

瀧波　「若いもんはいいのぅ」って、金だけポンと出してりゃいいんだよね。私はそうなりたいよ。

犬山　そんな人がいたらめっちゃ最高！「飲みにいこう」ってなる。

瀧波　実際、多いのは、金も出さず、頼りがいもないのに若い人たちを集めて自分のすごいところをアピールしたり、「お前のそういうところがダメなんだよ」とマウンティングするおっさんなんだけど。

犬山　年齢を重ねて自分もそういう事をしてしまう可能性が高くなってる。だから、今のタイミングでこの本を読みなおさないといけないなと思っています。というのも、最近、年下の人たちにマウンティングしちゃうんじゃないかということを気にしていて。例えばアラサーの女の子が「イケメンでお金を持ってるハイスペックな人を求めてる」とか言うと、「失敗しがちな人のワードだ！　でも意見を押しつけたくない」って葛藤しまくりです。

瀧波　彼女たちに一言言うとしたらなんて言うの？

犬山　「自分の軸じゃなくて、世間一般の条件で人を選ぶとえんえん満たされないぞ」って言いますね。ただ、その子が本当に何を求めているかはわからないし、適当なトークかも知れない。私もアラサーの時適当にポジショントークをしていましたし。それで、そんな事を言うのもなあと。その子が何かしくじったりして「助けて」と言ってくれれば別ですが。

瀧波　単純に自分の意見を言うのと、自分の意見とみせかけて相手の意見を否定するのは別だから。そこはちょっと整理した方がいいのかもしれないね。

犬山　そうですね。「これを言ったらマウンティングになるかな」と思って、マウンティングじゃないことでも控えちゃう人もいるでしょうし。でも、二七歳の子からみたら、三四歳の私が言う事ってちょっとした力を持つだろうし……踏み込み方が難しいです。

瀧波〜〜呪いになりかねないもんね。

犬山――そうなんですよ。だから、年齢を重ねていく過程で自分には発言権が増してきていて、若い時と同じ気持ちでいるといろいろ問題があることを自覚しなきゃって。

瀧波〜〜気にしすぎるぐらいなら、ちょっとマウンティングするぐらいの方が健全な気もするけど、年下と話す時に気を使うのはわかる。そういう時、私はいち早く酔っ払うようにしているよ。頭が働かないよう多めに飲んでネジをゆるめれば、相手の人生のこととかどうでもよくなるから。

犬山――たしかに！

瀧波〜〜あとは最初から年齢を意識しないとか。だって意識したってしょうがないもん。この本を出した頃は自撮りの時に後ろのポジションを取って小顔にみせるマウンティングの話をしたけど、最近はアプリがすごくなりすぎて、もはやそのマウンティングに効力がなくなってるし。

犬山 技術力がマウンティングを追いぬいてゆく（笑）。

瀧波 いま考えると恐ろしいよね。美肌アプリも通さずに集合写真撮ってたなんて（笑）。

男同士のマウンティング・ドラマ希望！

瀧波 そろそろ、男同士のマウンティングが娯楽にならないかなあ。

犬山 ですね。今まで女同士のネチネチはさんざん娯楽にされ尽くしてきたので、男同士もネチネチしているところを見せてほしい。

瀧波 その時はおもしろくネチネチしてほしいよね。『白い巨塔』や『半沢直樹』もマウンティングの話なんだけど、あれはもとから序列があるから、それとは違うものを見せてほしい。例えば、男同士で伊勢丹に行って、一番ダサい男に「おまえ、これ着てみろよ」。試着終わったら、「はい、次は美容院な！」。

犬山 あれ、なんか楽しそう。

瀧波 ね、普通に萌える（笑）。同じシチュエーションなのになんでだろ？　ダサい男の子は素直に喜んじゃうのかな。「なるほど〜」みたいな感じで。

犬山 ファッションにこだわりのある男子同士になるとネチネチするのかな。男女間で差のある話ではないか。

瀧波 私は、男同士で一緒にトイレに行く時は相手に見られる事を想定して若干剝いてから出すと聞いたことがあって、それはマウンティングかなと思ったんですけど。

犬山 なんかかわいいですね。銭湯とかでも（笑）。

瀧波 それは女子にはない男同士のいいマウンティングだよね。「お前の嫁、美人だよな」「いや〜、顔がキレイでもいいことないよ」みたいなマウンティングはあるのかな？

犬山　嫁下げマウンティング、ありそう。愛人自慢とかもどうなんだろう？

瀧波　男の人は、奥さん以外に彼女がいても、そんなに引かれないよね。女同士で「○○とこの旦那さんって優しいよね」と盛り上がってる時に、「でも私、彼氏いるから」と言われたらドン引きだけど。

犬山　女の人は、たとえ彼氏がいたとしてもフランクに言わない気がします。「こいつら、絶対どこかでチクるだろ」とか思って。そして子分的な女にだけ話す。でも、男の人はさらっと「彼女いるから」って言いますよね。飲み会に普通に連れてきたりしますし。

瀧波　いいマウンティングの道具になるもんね。

犬山　こっちはドン引きですけどね（笑）。以前、サブカルおじさんが飲み会に愛人を連れてきたんですけど、女がしきりにおっさんの汗を拭いたり、いちいち愛人アピールが凄くて。そのおっさんは日ごろから「自分はモテる」と豪語していたので、帰り一緒になった女三人で「たいした女じゃなかったね」って言い合ってすっきりしました（笑）。

瀧波　あはは。男の人の場合はパッと見でわかるものでマウンティングする傾向があるね。愛人とか、デカい時計とか、筋肉つけるとか。

犬山　女のマウンティングはさりげないですものね。八〇年代は肩パッドや前髪を大きく、九〇年代はどんどん目を大きくしていったけど、今はデカさで勝負はあまりない。

瀧波　盛ってることに気づかれないよう盛ってるから、そのぶん巧妙。でも、男は未だにデカいロゴの付いた服を着てたりするでしょ。言っちゃ悪いけどバカなんじゃないかと思ってしまう（笑）。

犬山　ラルフローレンのポロシャツのロゴもどんどん大きくなりますしね。

瀧波　きっと、デザイナーも「デカくしておきゃいいんだ、デカくすりゃあ」って（笑）。本当に言葉のマウンティングじゃないんだね。

犬山　あははは。

瀧波　男の人はそろそろ目に見えるものでのマウンティングを卒業して、笑顔で殴りあってほしいな。今は芸人さんコンビぐらいしか思いつかないけど。

犬山　私たちの見えないところで実は勃発してるかもですね。でも、コント以外で確かに見られない。下剋上じゃない男同士のドロドロのドラマ、本当に見てみたいなあ。

（二〇一六年九月二十一日　中野にて）

解説――〝女であること〟の中に仕掛けられた罠

小島慶子

ともするとあらゆる会話がマウンティング合戦に思えてしまう、世知辛いご時世。マウンティングには、リテラシーが必要です。何をかぶせてきているのか、どこにイヤミが潜んでいるのかを読み取る力が……。ほんとは、そんなもの、なければしあわせに生きていけるはず。でも残酷なことに、ほとんどの女にはデフォルトでその読解力が備わっているのです。だから、ついつい自分も返しちゃう。仕掛けられてもスルーできるのは、一〇〇％純朴女子か、厳しい自己分析の荒行で悟りを開いた阿闍梨《あじゃり》女子か、生まれながらの聖人ぐらいのものです。

それが無理なら、せめて受け身の賢者を目指しましょう。マウンティングされたら「されてるなぁー」と受け流し、「彼女はなぜ私におっかぶせてくるのか」を考えるよう心がけるのです。相手の心理を多少なりとも分析できれば、マウンティストに遠くで共感することができます。あたしたち、お互い様だよね、って。人はなぜ、マウンティングをするのでしょうか。そんな思索をする上で、この本は大変良い手引きになりました。

それにしても犬山さんと瀧波さんの自己開示ぶりたるや見事で、最後は二人とも晒《さら》すところがなくなってほぼ骨になっている状態です。「これで少しでも読者が楽になってくれれば……」と語る二人は、まじ菩薩。けれどそれすらメタ視点で見れば、読者に対する「露悪マウンティング」と受け取られかねません。読みながら、私の方がもっとげっすい！　もっとえげつない！　それぐらいの露悪で懺悔《ざんげ》ぶるなや！　と負けじ魂を燃やした読者もいるはずです。かくもマウンティングの闇は深いのです。

このように、マウンティング心理は自分をシアワセそうに見せる方向に働くとは限りません。最近読んだ雨宮まみさんと岸政彦さんの対談本『愛と欲望の雑談』（ミシマ社）の中に、こんなくだりがあります。著書『女子をこじらせて』（幻冬舎）に対して〝こんなのこじらせてるうちに入らない、自分の方がひどい目に遭ってる、お前は恵まれてる〟という人が近年増えた、と言う雨宮さんに、岸さんが「個人のしんどさってすごく聖化されるんですよね。聖なるものになるんです。それを読者は、雨宮さんにぶつけてるんだと思うんですね」と答えています。雨宮さんが「その世界だと、〝しんどい方が偉い〟ということになっちゃうんですよ」と言うように、今はしんどさでもマウンティングし合っているのです。でも、しんどい競争は、しんどさをちっとも和《やわ》らげないばかりか、抑圧を抱えた人を増やすだけ。マウンティングはどの道、孤独に通じているのです。たぶん、マウンティングっていうのは「一回きりの私の人生を、価値あるものだと言って欲しい」という、誰もが持つ切ない願いの、最も卑俗なかたちでの表れなのではないかと思います。

犬山さんは、マウンティストはスクールカーストを引きずっている傾向があると指摘しています。ああ、これは痛い。私はみんながMTVに夢中になっている八〇年代前半にAMの深夜ラジオにはまっており、昨夜のデーモン閣下のオールナイトニッポンがどれほど面白かったかなどと熱く語るも、アニメ研究会で同人漫画を書いている子ひとりしか同調してくれませんでした。くっそー、みんなマドンナとかデビー・ギブソンとかちゃらいもん聴きやがって、と言いながら洋楽通の勝ち組女子にちゃっかりテープをダビングしてもらい、カースト圏外にいるはぐれ女子たちから貰ったアルフィーと尾崎豊のテープと一緒に繰り返し聴いていました。どこにもしっくりくる帰属場所がない、異端だったのです。この「私は王道ではない」という刷り込みは相当にきついもので、長じてアナウンサーになったときに、それがマウンティングとして発露してしまいました。

友達が芸能人の名前を出すたびに「ああ私、この前お仕事ご一緒した」「ああ私、よく共演する」などとブったのです（うー、死にたい）。周囲は見苦しいと思っていたでしょうが、私は得意でした。どう？　異端は異端でも、特権的な異端でしょ？　てかもはや、どメジャーじゃん、私？　と。反応は、完全スルー。ただ静かな困惑とともに受け流されました。みんなミーハーでもなく、お育ちが良かったのですね。それに気づいた私は、さらに傷つきました。それでもやめられなかったのです、ひとり相撲のマウンティングを。

瀧波さんのいう「自虐のカツアゲ」をやってしまったことも多々あります。男性に対してもやるので、いわゆるめんどくせえ女として非常に敬遠されました。女子限定でマウントするのは、江古田ちゃんのいう〝猛禽類女《もうきん》〟に多い気がします。対して、コンプレックスが強すぎてうっかり男性にもマウントしてしまう女は、猛禽類ほど狡猾ではありませんが、基本、モテないでしょう。犬山さんは彼氏に「わたしの方がエラい」とマウンティングをしてしまうと言っていますが、私はそれもやってしまうのです。

おそらく対男性マウントをする女性と番《つが》ってうまくいくのは、マウントされていることに気づかない茫洋《ぼうよう》系か、根拠のない自信があるメンタル巨根系か、ママにマウントされ慣れている箱入り息子系かと思われます。この三つを兼ねていることもあるので、対男性マウンティストは畢竟《ひっきょう》、姑との苛烈な闘いを経験することになるでしょう。私に姑はいませんが、夫の思考や習慣の中に息づく姑のミームを駆逐しようとする本能がハンパないです。もはや夫のからだを借りた嫁姑戦争。夫にダメ出ししながら、私は夫ではなく、夫を育てた女性にマウンティングしているのです。あなたより私の方が優秀よ、って。会ったこともない故人にまでマウンティングしたいって、業ですよね。

マウンティストは性別を問わずに存在しますが、女同士だと共通の話題が多く、微妙な当てつけや自慢を読み取りやすいので、流血試合になりがちです。そのぶん戦術も多様化しており、本書にも様々なマウンティングの形態がシミュレーション付きで載っていますよね。細かい脚注を読むにつけ、マウンティング試合を行っているときの脳の情報処理の速さは驚異的だと気づかされます。これを台本なしで日常的にやっているって、すごいことです。マウンティング女子会参加者の脳みそを繋いだら、スパコン並みの演算ができるはず。衛星の軌道修正とかに役立てられませんかね。絶え間ない宇宙ごみの飛来を避けつつ、ベストポジションを確保して高度を維持する、ってこれマウンティング試合そのものですから。

死屍《しし》累々《るいるい》のマウンティング乱世。負けても負けても湧き出すマウント衝動にやられて自家中毒状態の落ち武者たちをなんとか成仏させようと、ここに二人の菩薩が現れました。しかし誰の中にも、菩薩と般若がいるのです。どちらの面を付けようとも、私たちが言いたいことはたぶん同じ。私はしあわせだ！　って、なんでこんなに一生懸命、人に言わずにはいられないの？　私を値踏みするのは誰？　苦しいよ、苦しいよ、って。

マウンティングの手を止めて、ふと顔を上げてみましょう。この試合、誰も見てないじゃん、て気づくはず。ならば誰が、あなたをけしかけるのか。誰に向かって、あなたは自分のほうがこの女よりもイケてると、証明しようとしているのか。私たちの敵は目の前の女じゃない。絵になるしあわせを生きようとする焦燥は、〝この社会で女であること〟の中に、巧妙に仕掛けられた罠なのかもしれません。餌食になるなよ、みんな。

（こじまけいこ／タレント・エッセイスト）

本書は二〇一四年二月に筑摩書房より『女は笑顔で殴りあう――マウンティング女子の実態』として刊行された。

分別と多感
ジェイン・オースティン
中野康司訳

冷静な姉エリナーと、情熱的な妹マリアン。好対照をなす姉妹の結婚への道を描くオースティンの永遠の傑作。読みやすくなった新訳で初の文庫化。

「赤毛のアン」ノート
高柳佐知子

アンの部屋の様子、グリーン・ゲイブルズの自然、アヴォンリーの地図など、アン心酔の著者がカラー絵と文章で紹介。書き下ろしを増補しての文庫化。

おそ松くんベスト・セレクション
赤塚不二夫

みんなのお馴染み、松野家の六つ子兄弟が大活躍！　日本を代表するギャグ漫画の傑作集。イヤミ、チビ太、デカパン、ハタ坊も大活躍。（赤塚りえ子）

合葬
杉浦日向子

江戸の終りを告げた上野戦争。時代の波に翻弄された彰義隊の若き隊員たちの生と死を描く歴史ロマン。第13回日本漫画家協会賞優秀賞受賞。（小沢信男）

戦国美女は幸せだったか
加来耕三

波瀾万丈の動乱時代、女たちは賢く逞しかった。武将の妻から庶民の娘まで。戦国美女たちの素晴らしい生き様が、日本史をつくった。文庫オリジナル。

あなたはなぜ変われないのか
サトウタツヤ
渡邊芳之

「性格は変わらない」？　なりたい自分になるために、性格は柔軟に変えていくことができるんです。目からウロコの「性格」の本。（金原瑞人）

人は変われる
高橋和巳

人は大人になった後でこそ、自分を変えられる。多くの事例をあげ「運命を変えて、どう生きるか」を考察した名著、待望の文庫化。（中江有里）

心の底をのぞいたら
なだいなだ

つかまえどころのない自分の心。知りたくてたまらない他人の心。謎に満ちた心の中を探検し、無意識の世界へ誘う心の名著。（香山リカ）

女子の古本屋
岡崎武志

女性店主の個性的な古書店が増えています。カフェを併設したり雑貨も置くなど、独自の品揃えで注目の各店を紹介。追加取材して文庫化。（近代ナリコ）

私はそうは思わない
佐野洋子

佐野洋子は過激だ。ふつうの人が思うようには思わない。大胆で意表をついたまっすぐな発言をする。だから読後が気持ちいい。（群ようこ）

ちくま文庫

マウンティング女子《じょし》の世界《せかい》　女《おんな》は笑顔《えがお》で殴《なぐ》りあう

二〇一七年二月十日　第一刷発行

著　者　瀧波ユカリ（たきなみ・ゆかり）
　　　　犬山紙子（いぬやま・かみこ）

発行者　山野浩一

発行所　株式会社　筑摩書房
東京都台東区蔵前二―五―三　〒一一一―八七五五
振替〇〇一六〇―八―四一二三

装幀者　安野光雅
印刷所　凸版印刷株式会社
製本所　凸版印刷株式会社

乱丁・落丁本の場合は、左記宛にご送付下さい。
送料小社負担でお取り替えいたします。
ご注文・お問い合わせも左記へお願いします。
筑摩書房サービスセンター
埼玉県さいたま市北区櫛引町二―六〇四　〒三三一―八五〇七
電話番号　〇四八―六五一―〇〇五三

ISBN978-4-480-43431-9 C0195